NEIN ZU RASSISMUS

1. Auflage 2021
ISBN 978-3-03876-546-2

Übersetzung:
Dr. Ulrike Schimming

Lektorat:
Claudia Koch

Layout:
Ulrich Borstelmann

Redaktion/Projektleitung:
Gregory C. Zäch

Text:
Valentina Giannella

Illustrationen:
Veronica Carratello

Die Originalausgabe ist unter dem Titel »Il Nuovo Razzismo« bei Centauria, Milano erschienen.

Die Deutsche Nationalbibliothek verzeichnet diese Publikation in der Deutschen Nationalbibliografie, detaillierte bibliografische Daten sind im Internet über http://dnb.de abrufbar.

Midas Verlag AG, Dunantstrasse 3, CH 8044 Zürich
kontakt@midas.ch, www.midas.ch, socialmedia: follow »midasverlag«

Valentina Giannella

NEIN ZU RASSISMUS

VON BLACK LIVES MATTER BIS KLIMAGERECHTIGKEIT

Vom Sklavenhandel bis zu den großen Migrationsbewegungen. Alles, was wir wissen müssen, um die Welt für alle gerechter und sicherer zu machen.

Illustrationen von Veronica Carratello

MIDAS

INHALT

*Für die Mutter
von George Floyd*

EINLEITUNG

Über Rassismus und das Glück ihn (noch) nicht zu kennen

Meine Kinder hatten viel Glück. Das begreife ich schlagartig, die Tasse Kaffee noch in der Hand, als Leonardo mich fragt, was das Wort *Rassismus* bedeutet. Er kennt es noch nicht. Dabei ist er fast 13 Jahre alt. Jahrelang habe ich in Schulen mit Tausenden Schülern in seinem Alter über den Klimawandel und nachhaltige Entwicklungen gesprochen und nie gemerkt, dass mein eigener Sohn eine Haltung nicht kennt, die für das Verständnis der Gegenwart und der Zukunft wichtig ist, in der die Auswirkungen des Klimawandels vor allem die Menschen in Afrika, Südostasien und Südamerika treffen werden – mit der Folge noch größerer Migrationsbewegungen, vermehrter Fremdenfeindlichkeit und weiterem Rassismus. »Wenn er sich dessen nicht bewusst ist, wird er nicht dagegen kämpfen können«, flüstert mir meine innere Aktivistin zu. Auch Umfragen zeigen es: Es ist nicht selbstverständlich, dass junge Menschen die Bedeutung von Rassismus und seine Wurzeln kennen. Viele jedoch sehen die Bilder im Fernsehen und in sozialen Netzwerken und beginnen, Fragen zu stellen – vor allem nach dem Tod von George Floyd, der die Black-Lives-Matter-Bewegung wieder in die Schlagzeilen brachte. Damit dringen auch Polizeigewalt, systemischer Rassismus, das soziale und wirtschaftliche Erbe der Sklaverei sowie die Alltagsdiskriminierungen in das Bewusstsein der Jugendlichen.

Also erkläre ich meinem Sohn kurz: »Rassismus ist eine schlimme Sache. Seit Jahrhunderten erleben ihn Millionen von Menschen. Er ist durch die Lüge entstanden, dass eine Gruppe von Menschen mehr Rechte hätte als eine andere – und zwar nur wegen ihrer Hautfarbe, ihrer Religion oder ihrem Geburtsland. Diesen Vorwand haben Menschen erfunden, um ihre eigenen Vorteile zu sichern. Und auch, um anderen die Schuld für scheinbar unlösbare Probleme zuschieben zu können.«

Leonardos Blick macht mir klar, dass er ein möglichst konkretes Beispiel braucht.

»Also, heute habt ihr in der Schule Kunst, oder?«

»Ja.«

»Dafür braucht ihr Pinsel und Farbe. Zum Verzieren braucht ihr am Ende etwas Goldfarbe. Ihr seid 20 Schüler, aber es gibt nur 15 Pinsel. Und dann die Goldfarbe: Davon gibt es nur eine kleine Dose für alle, und ohne eine gerechte Aufteilung reicht diese Farbe nicht für alle. Was macht ihr?«

»Wir bitten die Lehrerin, uns zu helfen. Wir könnten uns abwechseln. Dann können alle malen.«

»Super«, sage ich, »aber weißt du, was der Rassismus gemacht hätte, wenn der euer Lehrer gewesen wäre? Er hätte bestimmt, dass einige von euch privilegiert sind und die Pinsel bekommen, weil sie beispielsweise ein weißes T-Shirt tragen. Alle anderen, die bunte T-Shirts tragen, müssen warten. Wenn am Ende der Stunde vielleicht noch ein bisschen Farbe übrig ist, okay. Ansonsten geht die zweite Gruppe nach Hause, ohne gemalt zu haben. Doch vielleicht gibt es in ihr ein paar ganz talentierte Teens, die ein wunderschönes Bild gemalt hätten. Aber wegen der rassistischen Auswahl wird das nie jemand erfahren und die Gruppe fühlt sich ausgeschlossen und ins Abseits gedrängt. Sie werden wütend, weil sie ungerecht behandelt wurden.«

»Also ist Rassismus eine Ungerechtigkeit?«, fragt Leo.

»Ganz genau. Eine Ungerechtigkeit, die der Mensch seit Jahrhunderten begeht.«

»Und warum hört er nicht damit auf?« Mein Sohn wird immer neugieriger.

»Weil sich einige Menschen immer, wenn Ressourcen knapp sind, mithilfe des Rassismus' einen Vorteil verschafft. Momentan verbraucht die Menschheit bereits mehr als anderthalbmal so viele Ressourcen, wie die Erde uns jährlich zur Verfügung stellen kann. Daher werden Rohstoffe und Bodenschätze immer knapper. Also müssen wir heute lernen, wie man den Rassismus bekämpft: Denn morgen könnte er noch stärker werden. Und nur wenn wir etwas gegen den Rassismus und den Klimawandel tun, können wir eine gerechtere Zukunft schaffen.«

Das Frühstück ist beendet. Leo sieht besorgt aus. »Kannst du mir das genauer erklären?«

Also habe ich dieses Buch geschrieben.

»BITTE, HÖREN WIR AUF VON DER RASSENFRAGE ZU REDEN, WENN DAS, WORÜBER WIR EIGENTLICH DISKUTIEREN, RASSISMUS HEISST.«

ALEXANDRIA OCASIO-CORTEZ, DEMOKRATISCHE US-POLITIKERIN

RASSEN GIBT ES NICHT. ES GIBT NUR DIE MENSCHLICHE RASSE. WISSENSCHAFTLICH UND ANTHROPOLOGISCH IST RASSISMUS EIN KONSTRUKT – EIN SOZIALES KONSTRUKT. UND ER HAT VORTEILE. MAN KANN GELD DAMIT VERDIENEN, UND LEUTE, DIE SICH SELBST NICHT MÖGEN, KÖNNEN SICH DADURCH BESSER FÜHLEN. RASSISMUS KANN FALSCHE ODER IRREFÜHRENDE VERHALTENSWEISEN ERKLÄREN. DAHER HAT RASSISMUS EINE SOZIALE FUNKTION.

TONI MORRISON

POLICE
NNEAPOLIS

KAPITEL 1

I CAN'T BREATHE

DER SATZ, DER DIE WELT AUFWECKT

»I can't breathe.« Ich kann nicht atmen. Am 26. Mai 2020 taucht dieser angsteinflößende Satz, den wir von keinem menschlichen Wesen hören wollen, weltweit in Zeitungen, im Fernsehen und auf den Nachrichten-Portalen im Internet auf.

Minneapolis, USA, am Abend zuvor: George Floyd befindet sich nach Zeugenaussagen in einem »offensichtlichen Zustand der Erregung« und in einer »sichtbaren Notlage«. Er wiederholt den Satz, *»I can't breathe«*, mindestens 16 Mal, während der Polizeibeamte Derek Chauvin neun Minuten und dreißig Sekunden Floyds Gesicht auf den Boden presst und mit seinem Knie den Hals des 46-jährigen Afroamerikaners zudrückt, der mit Handschellen gefesselt ist und keinen Widerstand leistet. Nach sieben Minuten hört Floyd auf zu atmen. Sein – noch nicht bewiesenes – Vergehen wäre gewesen, eine Schachtel Zigaretten mit einem gefälschten Dollar-Schein bezahlt zu haben.

Normalerweise nur eine Notiz in der Lokalzeitung, wäre Floyds Tod nur eine Zahl geworden: nämlich in der Statistik, in der die Afroamerikaner gezählt werden, die während eines Polizeieinsatzes zu Tode kommen. Regelmäßig veröffentlichen die US-Behörden diese Zahlen. Doch die schnelle Reaktion der 17-jährigen Darnella Frazier ließ die ganze Welt an George Floyds Tod teilhaben.

Darnella hatte mit ihrem neunjährigen Cousin ein Eis in demselben Laden gekauft, in dem Floyd sich ein paar Minuten zuvor Zigaretten besorgt hatte. Als sie sah, was mit Floyd passierte, erkannte sie die Ungerechtigkeit, nahm alles mit ihrem Smartphone auf und streamte es live in die sozialen Netzwerke. Nach wenigen Stunden tauchte der Hashtag *#Icantbreathe* auf, dazu *#blacklivesmatter*. Letztere ist eine Bürgerrechtsbewegung, um der Welt die heute immer noch herrschende Ungleichbehandlung, die Vorurteile und die Gewalt der Ordnungskräfte gegenüber der afroamerikanischen Bevölkerung vor Augen zu führen. Floyds Gesicht und seine verzweifelten Worte sind durch Darnella nicht nur eine Zahl, sondern eine dramatische, angsteinflüßende und aktuelle Geschichte geworden: Dieser Mann lebte am Rand einer Gesellschaft, die seine Minderheit niemals wirklich akzeptiert hat und in der ein rassistisches System herrscht, das denselben Fehler viel zu oft wiederholt.

Dafür, dass Darnella nicht zugelassen hat, dass Floyd nur zu einer Nummer wird, bekam die junge Frau ein paar Monate später

den Benenson Courage Award des PEN, einen Preis, der mutige Menschen würdigt, die Ungerechtigkeiten öffentlich machen. Die Präsidentin der Jury, Suzanne Nossel, erklärte, Darnellas Handeln habe »eine couragierte Bewegung in Gang gesetzt , die das Ende des systemischen Rassismus' und der Polizeigewalt fordert«.
Darnella wurde daraufhin mit Rosa Parks verglichen, jener Afroamerikanerin, die bereits 1955 durch eine einfache Geste die Öffentlichkeit zu Protesten bewegte: Parks weigerte sich, ihren Platz im Bus zu räumen, nur weil er für die *Weißen* reserviert war.
Darnellas Aktion ähnelt der von Rosa Parks: Sie verändert die Gegenwart. In den Tagen und Wochen nach Floyds Tod kam es in den gesamten USA und überall auf der Welt zu Protesten. Die immense Wut löst innerhalb weniger Stunden gewaltlose Appelle und friedliche Demonstrationen aus, aber auch soziale Konflikte und Aufstände in mehr als 2.000 Städten. Der Mord an Floyd (der Polizist Chauvin wurde wegen Mordes zweiten Grades, also Todschlag in einem schweren Fall, zu 22,5 Jahren Haft verurteilt) bewegt vor allem Menschen, die noch heute Opfer von systemischem Rassismus sind. Systemischer Rassismus wirkt sich nicht nur auf eine Person aus, sondern erstreckt sich auch auf Strafverfolgung, Schulbildung, Bankgeschäfte sowie die Behandlung durch Arbeitgeber.
Wer die Bilder der Zerstörung während der Unruhen in den USA kritisiert, sei daran erinnert, dass der größte Teil der Proteste gewaltlos vonstatten ging. Nach Angaben des Magazins »Time« verliefen 93 Prozent der Demonstrationen nach dem Tod von Floyd zwischen dem 26. Mai und 22. August 2020 friedlich.

Während sich die Talkshows einen Krieg der Bilder lieferten, um die öffentliche Meinung über die Demos zu spalten, haben die Worte *»I can't breathe«* endlich den Schleier der Ignoranz gelüftet und gezeigt, wie schwierig das Leben für Menschen mit dunkler Hautfarbe immer noch ist – selbst in einem fortschrittlichen Land.

SO BLOCK
CDC
PRISO
CDC
PRISONER
CDC
ONER
CD

KAPITEL 2

BLACK LIVES MATTER

HEUTE VIELLEICHT MEHR DENN JE

Das Leben der People of Color zählt – *matters*. Das zu betonen, ist heute leider immer noch notwendig. Vielleicht erscheint es unangebracht, ja, anachronistisch oder aus der Zeit gefallen zu sein, doch es ist auf dramatische Weise hochaktuell. Sich nicht bewusst zu sein, wie aktuell das ist, ist nicht nur falsch, sondern auch gefährlich. Denn so können wir die Gegenwart nicht verändern und nicht verhindern, dass in Zukunft die Probleme noch größer werden – und zwar für uns alle.

Zu glauben, dass die größten Schwierigkeiten im Zusammenleben der Ethnien durch die großen Bürgerrechtsbewegungen, die weltbekannten Aktivisten, die Kämpfe von Malcom X, Martin Luther

King und Nelson Mandela beseitigt worden wären, ist leider nicht hilfreich. Denn die öffentliche Mehrheit muss weiterhin Druck auf die Gesetzgebenden und auch auf diejenigen ausüben, die verhindern sollen, dass ein Teil der Bevölkerung auch nach Jahrhunderten immer noch benachteiligt wird. Wenn wir weiterhin sagen und denken, es handele sich bei rassistischen Übergriffen nur um Einzelfälle und das generelle Problem des Rassismus sei bereits gelöst, so werden wir es niemals wirklich lösen. Wer betont, dass der Rassismus mittlerweile kein Problem mehr sei, spielt die Realität herunter und ignoriert die Fakten. Diese aber zeugen von einem lange nicht gelösten Rassismusproblem.

Laut einer Studie der Universität Harvard für die »Washington Post« glaubt beispielsweise einer von zwei weißen Amerikanern, dass die afroamerikanische Bevölkerung sozial und wirtschaftlich heute gut zurechtkomme, »fast so wie die Weißen«. 50 Prozent der weißen Bevölkerung denken also, die Schwarzen hätten genauso leicht Zugang zum Gesundheitssystem, zu Bildung und Arbeit oder zu einflussreichen Stellungen bekommen wie sie. Einerseits ist es richtig: Es gab und gibt einflussreiche Positionen, die von Afroamerikanern bekleidet werden (nehmen wir nur Barack Obama). Doch solche Berühmtheiten sind strahlende Ausnahmen. Die Statistiken liefern nämlich ein ganz anderes Bild. Diese offiziellen Zahlen sind allen zugänglich und werden von Behörden und der US-Regierung immer wieder genannt. Um die Statistik jedoch zu verstehen, muss man – wie immer – ganz vorn beginnen: Die amerikanische Bevölkerung, also mehr als 331 Millionen Einwohner, besteht nur zu 13,4 Prozent aus Afroamerikanern (Quelle: United States Census, letzte Volkszählung vom April 2020).

Obwohl die Schwarzen eine Minderheit sind, stellen sie 33 Prozent der Gefängnisinsassen und haben, im Vergleich zu ihren weißen Mitbürgern, ein fünfmal höheres Risiko, verhaftet und verurteilt zu werden (Quelle: Bureau of Justice, USA).
Betrachten wir die Statistiken der Vorfälle, bei denen die Polizei einen Verdächtigen tötet, so ist auch hier die Unverhältnismäßigkeit offensichtlich: Obwohl die schwarze Bevölkerung nur 13,4 Prozent ausmacht, ist sie in 50 Prozent dieser Fälle beteiligt. Der Mord an George Floyd geht jedoch nicht einmal in diese Statistik ein, aus dem einfachen Grund, weil er mit dem Knie erstickt und nicht mit einer Handfeuerwaffe erschossen wurde. Sie sagt, das ein amerikanischer Bürger von zwei, der in einem Schusswechsel mit der Polizei stirbt, schwarz ist, ganz abgesehen von denen, die unter anderen Umständen zu Tode kommen.

Der Hashtag #blacklivesmatters tauchte 2013 zum ersten Mal auf, als George Zimmerman, ein Mitglied der Nachbarschaftswache in Florida, freigesprochen wurde, nachdem er mit einer Pistole den unbewaffneten 17-jährigen Tryvon Martin erschossen hat. Ein Jahr später ging es weiter: Eric Garner erstickte, während er von der Polizei auf Staten Island, New York, verhaftet wurde. Michael Brown wurde mit sechs Schüssen aus einer Waffe bei einer Straßensperre in Missouri getötet. Tamir Rice starb durch die Schüsse der Polizei: Er war erst zwölf und hielt eine Spielzeugpistole in der Hand. Seitdem entwickelt sich Black Lives Matter zu einer länderübergreifenden Bewegung mit dem Ziel, diese immer noch verleugneten Tatsachen der breiten Öffentlichkeit bekannt zu machen und eine echte Veränderung anzustoßen.

WAS ES HEISST, SCHWARZ ZU SEIN

In einer Gesellschaft aufzuwachsen, in der die *black lives*, also die People of Color, nicht die gleichen Chancen haben wie die weißen Menschen, hat schwerwiegende Konsequenzen:

- Die Säuglingssterblichkeit ist mehr als doppelt so hoch wie bei der weißen Bevölkerung: 11 Prozent gegenüber 4,7 Prozent.

- Fast drei von zehn schwarzen Jugendlichen (31 Prozent) leben in Armut, dreimal mehr als weiße Jugendliche.

- Die Wahrscheinlichkeit, also eine Universität zu besuchen, ist nur halb so hoch (12-26 Prozent) wie für weiße Jugendliche (22-40 Prozent).

- Doppelt so viele schwarze Erwachsene (7-20 Prozent) arbeitslos wie weiße (4-10 Prozent) sind arbeitslos.

- Laut einer Studie der Harvard Business School, hat ein Afroamerikaner, der seinen Namen im Lebenslauf ändert, um weiß zu wirken, mehr Chancen hat, zu einem Vorstellungsgespräch eingeladen zu werden (25 Prozent), als wenn er seinen eigentlichen Namen nennt (10 Prozent).

Darüber hinaus gibt es noch viele weitere Unterschiede. Genau deshalb ist Black Lives Matters so wichtig.

BLACK HISTORY IN AMERIKA

1492:
Am 12. Oktober betritt Christoph Kolumbus zum ersten Mal die Neue Welt, ein unbekanntes Land, das zunächst Westindien und später Amerika genannt wird.

1501:
Der König von Spanien erlaubt den Import von afrikanischen Sklaven nach Westindien, damit sie als Arbeitskräfte in den spanischen Kolonien eingesetzt werden.

1511:
Die ersten afrikanischen Sklaven kommen im Hafen der Insel Hispaniola an, heute Dominikanische Republik und Haiti. Die Felder, auf denen sie arbeiten müssen, liegen in Puerto Rico, Kuba und Mexiko.

1522:
Auf Hispaniola, wo weiterhin die Schiffe voller Menschen aus Afrika ankommen, findet der erste Sklavenaufstand statt.

1562:
Der erste englische Sklavenhändler, John Hawkins, landet auf Hispaniola.

1619:
20 Männer werden von einem holländischen Sklavenhändler als Arbeitskräfte verkauft, um die englische Siedlung Jamestown (in Virginia) zu errichten. Das sind die ersten schwarzen Sklaven in Nordamerika.

1624:
Das erste Kind mit afrikanischen Wurzeln, das als freier Mensch – also nicht als Sklave – in Amerika geboren wird, heißt William Tucker. Er wurde im Staat Virginia getauft.

1625:
Holländischen Sklavenschiffe versorgen die Kolonie Neu-Amsterdam (heute New York) mit Arbeitskräften, um die Siedlung, den Hafen und die Stadt zu bauen.

1641:
Massachusetts legalisiert als erster Staat der britischen Kolonien in Amerika den Sklavenhandel.

1663:
In Maryland sind per Gesetz alle Menschen, die aus Afrika stammen, Sklaven. Freie Frauen mit europäischen Wurzeln, die Afrikaner heiraten und Kinder mit ihnen zeugen, verlieren ihren Status als freie Bürgerinnen (sie werden also freiwillig Sklavinnen). Auch ihre Kinder werden Sklaven. In der Umgangssprache werden die Worte »*Schwarzer*« und »*Sklave*« synonym benutzt. 1664 werden in Maryland gemischten Ehen vor dem Gesetz verboten.

1670:
Jeder, der in Virginia an Land geht und nicht dem christlichen Glauben angehört, darf versklavt werden. 1672 wird ein Gesetz verabschiedet, nach dem die Tötung eines Sklaven nicht als Mord verfolgt wird.

1711:
Der erste Sklavenmarkt eröffnet in New York, in der heutigen Wall Street.

1718:
Die Franzosen gründen New Orleans. Im Laufe von drei Jahren gibt es mehr schwarze Sklaven in der Stadt als freie Weiße.

1741:
Der Staat South Carolina verbietet den Sklaven, Lesen und Schreiben zu lernen.

1758:
In Philadelphia eröffnet die erste Schule für freie schwarze Kinder.

1775:
Während des amerikanischen Unabhängigkeitskrieges können etwa 100.000 Sklaven fliehen. Vor der Verkündung der Unabhängigkeit machen afrikanische Sklaven 20 Prozent der Gesamtbevölkerung der Kolonien aus (450.000 Menschen).

1777:
Vermont ist der erste Staat der neugegründeten USA, der offiziell die Sklaverei abschafft. 1780 folgt Massachusetts, das schwarzen Männern das Wahlrecht garantiert. In Rhode Island wird im selben Jahr die erste afrikanische Kulturgesellschaft der USA gegründet: die Free African Union Society.

1784:
Der Kongress lehnt den Gesetzentwurf von Thomas Jefferson ab, die Sklaverei ab dem Jahr 1800 in allen Staaten der USA abzuschaffen. Jeffersons Familie besaß selbst ca. 200 Sklaven.

1785:
New York lässt alle Sklaven frei, die im Unabhängigkeitskrieg auf Seiten der Kolonie gekämpft haben.

1790:
Erste offizielle Volkszählung der Bevölkerung der Vereinigten Staaten: Die Afroamerikaner machen 19,3 Prozent der Gesamtbevölkerung aus.

1827:
New York schafft die Sklaverei ab.

1849:
Der »Goldrausch« beginnt, mehr als 4.000 freie Afroamerikaner ziehen für die Goldsuche nach Kalifornien.

1850:
In New York gründet sich die erste Arbeitergewerkschaft für Afroamerikaner: The American League of Colored Workers.

1852:
»Onkel Toms Hütte«, der Roman von Harriet Beecher Stowe, wird zu einem kulturellen Meilenstein in der Kampagne zur Abschaffung der Sklaverei.

1865:
Am 1. Februar unterschreibt Präsident Abraham Lincoln den 13. Zusatzartikel der Verfassung, der die Sklaverei in allen Staaten der USA für illegal erklärt. Am 15. April desselben Jahres wird Lincoln von dem Schauspieler John Wilkes Booth ermordet. Am 24. Dezem-

ber gründet sich die erste Gruppe des Ku-Klux-Klans in Pulaski, Tennessee, ein anonymer Geheimbund, der von der Sklaverei befreite Afroamerikaner attackiert.

1871:
Der Kongress billigt den Civil Rights Act: ein Gesetz zum Schutz der Rechte der damals vier Millionen Afroamerikaner vor den Angriffen des Ku-Klux-Klans.

1873:
Im Kongress sitzen sieben Abgeordnete mit afrikanischen Wurzeln.

1881:
Zahlreiche US-Staaten billigen das Gesetz, in Zügen und Bussen getrennte Abteile für weiße und schwarze Fahrgäste zu schaffen.

1917:
Am 28. Juli ziehen fast 10.000 Afroamerikaner schweigend durch die Straßen von New York. Es ist die erste Großdemonstration für die Bürgerrechte der People of Color.

1919:
Der Ku-Klux-Klan wird 1915 im Staat Georgia wiederbelebt und ist bis 1919 auch in 27 anderen Staaten aktiv.

1920:
Am 26. August verabschiedet der Kongress den Zusatzartikel, der den Frauen das Wahlrecht zuspricht. Doch in vielen Südstaaten haben schwarze Männer und Frauen immer noch keinen Zugang zu den Wahlurnen.

1921:
In Tulsa zünden weiße Rassisten das überwiegend von Schwarzen bewohnte Viertel Deep Greenwood an. Sie töten mindestens 60 Menschen und zerstören Häuser und Geschäfte.

1945:
Am 25. April werden in San Francisco die Vereinten Nationen gegründet. 51 Gründungsmitglieder, die Länder, die den zweiten Weltkrieg gewonnen haben, schreiben sich die Durchsetzung der Menschenrechte auf die Fahnen.

1948:
Der oberste Gerichtshof von Kalifornien schafft das Gesetz ab, das Ehen zwischen verschiedenen Ethnien verbietet.

1954:
Der oberste Gerichtshof erklärt die Rassentrennung von schwarzen und weißen Schülern in öffentlichen Schulen in allen Bundesstaaten für verfassungswidrig.

1955:
Am 1. Dezember weigert sich Rosa Parks, eine schwarze Studentin, im Bus in Montgomery, Alabama, ihren Sitzplatz für weiße Fahrgäste zu räumen. Damit löst sie den Busboykott von Montgomery aus. Der 26-jährige Reverend Martin Luther King wird zum Anführer der schwarzen Bürgerrechtsbewegung.

1957:
Im September schickt Präsident Dwight D. Eisenhower Bundestruppen zur Central High School in Little Rock, Arkansas, um neun schwarze Schülerinnen und Schüler an ihrem ersten Schultag zu schützen, nachdem die Rassentrennung in den Schulen aufgehoben worden war.

1960:
Senator John F. Kennedy gewinnt die Präsidentschaftswahlen gegen Richard Nixon mit einer hauchdünnen Mehrheit: Die Analysten führen Kennedys Sieg auf die neuen afroamerikanischen Wähler zurück.

1963:
Nach mehreren gewalttätigen Ausschreitungen von weißen Bürgern und Polizeikräften gegen die schwarze Bevölkerung versammeln sich am 28. August mehr als 200.000 Menschen in Washington D.C. zum bis dahin größten Menschenrechtsmarsch. Martin Luther King hält seine berühmte Rede mit dem Titel »*I have a dream*«. Knapp drei Wochen später wird die Baptistenkirche in Birmingham, Alabama, bei einem rassistischen Bombenanschlag in die Luft gesprengt. Vier afroamerikanische Mädchen im Alter zwischen elf und vierzehn Jahren werden getötet. Am 22. November wird Präsident Kennedy in Dallas während einer Parade von einem Einzeltäter erschossen (seine Komplizen sind immer noch unbekannt).

1964:
Am 2. Juli verabschiedet der Kongress den Civil Rights Act, der jegliche Diskriminierung aufgrund von Rasse, Religion und Geschlecht, auch am Arbeitsplatz, verbietet, und richtet die Equal Opportunity Employment Commission (Kommission für Chancengleichheit am Arbeitsplatz) ein. Martin Luther King wird mit dem Friedensnobelpreis ausgezeichnet.

1965:
Menschenrechtsaktivist Malcolm X wird am 21. Februar in New York ermordet. Drei Mitglieder der Nation-of-Islam-Bewegung, der er bis zu seinem Austritt ein Jahr zuvor angehörte, werden für das Attentat verurteilt.

1966:
Im Oktober gründen die Studenten Bobby Seale und Huey P. Newton die Black-Panther-Bewegung in Kalifornien. Das anfängliche Ziel: mit bewaffnetem Widerstand gegen die anhaltende Gewalt gegen die schwarze Minderheit vorzugehen.

1968:
Martin Luther King wird am 4. April in Memphis, Tennessee, ermordet. In mehr als 125 Städten in 29 Staaten brechen Unruhen aus. Innerhalb einer Woche werden 46 Personen getötet und mehr als 35.000 verletzt.

1986:
Mit dem Film *She's Gotta Have It* löst Regisseur Spike Lee eine Welle von neuen schwarzen Filmen aus. In ihnen geht es um das Leben der Afroamerikaner.

1992:
In Kalifornien spricht ein Geschworenengericht vier Polizeibeamte vom Vorwurf frei, während einer Verkehrskontrolle übermäßige Gewalt angewendet und den Tod des afroamerikanischen LKW-Fahrers Rodney King verursacht zu haben. Das von Überwachungskameras aufgezeichnete Video der tödlichen Schlägerei geht viral und löst einen Aufstand in Los Angeles aus, der sich über drei Tage hinzieht. 50 Menschen werden getötet, 2.000 verletzt und 8.000 verhaftet.

1993:
Die afroamerikanische Schriftstellerin Toni Morrison bekommt den Literaturnobelpreis.

1997:
Kofi Annan wird der erste Generalsekretär der Vereinten Nationen mit afrikanischen Wurzeln.

2001:
George W. Bush bildet die Regierung mit den meisten afroamerikanischen Persönlichkeiten in der Geschichte: Colin Powell wird Außenminister, Condoleezza Rice Nationale Sicherheitsberaterin und Roderick Paige Minister für Bildung.

2008:
Am 4. November wird Barack Obama zum Präsidenten der Vereinigten Staaten gewählt. Er ist der erste afroamerikanische Präsident in der Geschichte des Landes.

2012:
In Florida wird Trayvon Martin, ein unbewaffneter 17-jähriger schwarzer Junge, von George Zimmerman erschossen. Im Jahr 2013, nach dem Freispruch Zimmermans, entsteht die Black-Lives-Matter-Bewegung, die sich zunächst nur als Hashtag #blacklivesmatter in den sozialen Netzwerken präsentiert.

2014:
Eric Garner erstickt, nachdem er in Staten Island, New York, von der Polizei angehalten wird. In einem Video, das nach seinem Tod veröffentlicht wird, wiederholt auch Garner elfmal den Satz *»I can't breathe«*. Im August wird der 18-jährige Michael Brown an einer Polizeikontrolle in Missouri mit sechs Schüssen getötet. Auch der zwölfjährige Tamir Rice wird von der Polizei erschossen: ein Kind, das eine Spielzeugpistole in der Hand hielt. Ab diesem Moment wird Black Lives Matter zu einer offiziellen Bewegung gegen die Gewalt an der afro-amerikanischen Bevölkerung.

2015:
Ein weißer Rassist bricht in eine Kirche in Charleston im Bundesstaat South Carolina ein und erschießt neun Afroamerikaner während einer Bibelstunde.

2017:
Eine Gruppe von weißen Rassisten marschiert durch die Straßen von Charlottesville, Virginia, und skandiert rassistische und antisemitische Slogans. Einer der Demonstranten überfährt und tötet Heather Heyer, eine Gegendemonstrantin. Als Präsident Donald Trump erklärt, es gebe »es gute Menschen auf beiden Seiten«, spaltet das die Amerikaner.

2020:
Die Covid-Pandemie trifft die afroamerikanische Bevölkerung und die ethnischen Minderheiten am stärksten, nicht nur in den USA. Ahmaud Arbery, ein 25-jähriger schwarzer Jogger in Brunswick, Georgia, wird von drei weißen Männern ohne ersichtlichen Grund getötet. Obwohl ein Video des Mordes existiert, werden die Täter erst 74 Tage später verhaftet. In der Stadt Louisville, Kentucky, wird bei einer Drogenrazzia die 26-jährige Krankenschwester Breonna Taylor durch Dutzende Schüsse von Polizisten in Zivil getötet, während sie in ihrer Wohnung schlief. In Minneapolis erstickt George Floyd bei seiner Verhaftung wegen der Verwendung eines angeblich gefälschten Geldscheins, nachdem er Dutzende Male *»I can't breathe«* wiederholt. Danach flammen Proteste gegen die Polizeigewalt an der afroamerikanischen Bevölkerung in den Vereinigten Staaten auf.
Black Lives Matter wird zu einer globalen Bewegung.

ATM
D.D.

KAPITEL 3

DIE ROTE LINIE

DIE WIRTSCHAFTLICHEN AUSWIRKUNGEN VON DISKRIMINIERUNG

Offiziell gibt es in den USA keine Rassendiskriminierung mehr, doch die Realität sieht immer noch anders aus. 1964, also 350 Jahre nach Beginn der Sklaverei, verbietet das Civil Rights Act (das Bürgerrechtsgesetz) jegliche Art von Rassismus. Doch was verursacht die riesigen Unterschiede zwischen der weißen und der schwarzen Bevölkerung?
Auf diese Frage haben Soziologen Antworten gesucht. Sie wollten verstehen, wie sich unsere Gesellschaft verhält. Die Ergebnisse ihrer Forschungen sind vielfältig, führen jedoch meistens auf das

ursprüngliche Motiv zurück, weshalb Männer und Frauen mit den ersten spanischen Schiffen Ende des 15. Jahrhundert wie Ware von Afrika nach Mittelamerika transportiert wurden. Der Grund ist ein wirtschaftlicher. Nicht nur für die Afroamerikaner, sondern der größte Teil der Weltbevölkerung wurde ausgebeutet, verjagt und verschleppt wurde und hat aufgrund der Zugehörigkeit zu einer Nationalität oder einer ethnischen Gruppe Gewalt erlebt hat. In jedem Fall nutzen Stärkere ihren Wettbewerbsvorteil aus. Sie wollen mehr Land erobern, sich Ressourcen (wie Metalle oder Edelsteine, die z. B. in Afrika besonders häufig vorkommen) oder Zugänge zu Quellen sichern, um das eigene Business zu fördern. Und sie wollen Arbeitskräfte, quasi zum Nulltarif.

Im Fall der Afrikaner in den USA begann die Geschichte der wirtschaftlichen Ausbeutung mit dem Sklavenhandel. Nach der Entdeckung Westindiens autorisierte der spanische König die Händler, auch Menschen zu verkaufen, die auf den Feldern arbeiten und die Städte in den Kolonien aufbauen sollten. Als die Europäer (darunter auch Engländer, Franzosen und Niederländer) Nordamerika kolonialisierten, wurde der Sklavenhandel zu einem der blühendsten Geschäftszweige jener Zeit. Einer der ersten Sklavenmärkte, wo Menschen wie Vieh verkauft wurden, lag 1711 in der Gegend der heutigen Wall Street, dem Sitz der US-amerikanischen Börse, in New York. Das Leben eines Schwarzen zählte damals längst nicht so viel wie das eines Weißen, sodass es in einigen Staaten nicht einmal als Mord angesehen wurde, wenn ein Weißer einen Sklaven tötete.

Nach dem Unabhängigkeitskrieg der amerikanischen Kolonien 1775 bis 1783 gegen die Briten und durch die Bürgerrechtsbewegungen seit Mitte des 20. Jahrhunderts haben sich die Afroamerikaner Schritt für Schritt die Grundrechte erkämpft, sodass sie heute dieselben Rechte und Pflichten haben wie alle Einwohner der Vereinigten Staaten. Und dennoch ist der sogenannte *Gap*, die existenzbedrohende Lücke, immer noch riesig. Auch hierfür haben die Soziologen – abgesehen von Vorurteilen und rassistischer Psychologie – die Hauptursachen in wirtschaftlichen Mechanismen ausgemacht, die eine echte Gleichberechtigung immer noch nicht zulassen.

Hier ein konkretes Beispiel: Nehmen wir einmal ein Haus einer Familie. Die Eltern arbeiten schwer, um es abbezahlen zu können. Eines Tages wird es ein Kapital darstellen, und die Familie kann in die Bildung ihrer Kinder investieren ... Ein Haus kaufen zu können ist, in der Wirtschaft der westlichen Länder ein wichtiger Schritt für stabile Lebensverhältnisse. Normalerweise müssen jedoch für einen Hauskauf zwei Voraussetzungen gegeben sein: Man braucht Kapital (normalerweise einen Bankkredit) und eine feste Arbeit, um die Raten für den Kredit abzahlen zu können. Während für die weiße Bevölkerung dieser Mechanismus im 20. Jahrhundert zumeist ohne große Schwierigkeiten funktionierte, wurde die afroamerikanische Bevölkerung daran gehindert oder zumindest ausgebremst.

Es gibt tatsächlich diskriminierende Vorgehensweisen (bei denen Banken schwarze Menschen anders behandeln als weiße), die einen Dominoeffekt erzeugen. Dazu gehörte z. B. das *Redlining*, das Ziehen einer roten Linie. Von 1934 bis etwa 1977 markierten die

Banken auf den Stadtplänen alle Viertel mit dem höchsten Anteil an schwarzer Bevölkerung: Wer innerhalb dieser roten Linie wohnte, bekam für einen Hauskauf keinen oder nur schwer einen Kredit. Obwohl diese Praxis seit mehr als 40 Jahren gesetzlich verboten ist, haben noch heute die Viertel, die innerhalb der roten Linie lagen, große wirtschaftliche Schwierigkeiten. Die Folgen dieser Diskriminierung spüren die Menschen immer noch: Für Tausende afroamerikanische Familien haben sich dadurch die Chancen extrem verringert, dass ihre Kinder durch Bildung und einträglichere Jobs auf der sozialen Leiter aufsteigen können.

Diese und andere Tatsachen, verbunden mit Vorurteilen und rassistischem weißen Kulturerbe, haben dazu beigetragen, dass die wirtschaftliche Benachteiligung und der Rassismus bis in die Gegenwart andauern.

KKK
KKK

KAPITEL 4

WHITE SUPREMACY

DIE HINTERLISTIGE IDEOLOGIE, DIE DEN RASSISMUS STÄRKT

Die Ideologie der White Supremacy, also die »weiße Vorherrschaft«, auch »White Power« genannt, basiert auf der Überzeugung, dass weiße Menschen anderen ethnischen Gruppen überlegen sind, also Schwarzen, aber auch Juden, Native Americans, Latinos und Asiaten. Diese Denkweise führt zu mehr oder weniger offensichtlichen Verhaltensweisen, bei denen die Anhänger dieser Ideologie im Alltag rassistisch handeln, andere diskriminieren (z. B. aktiv verhindern, dass jemand eine Arbeitsstelle bekommt, nur weil er keine weiße Haut hat) oder auch gewalttätig gegen

Minderheiten demonstrieren. Gruppen, die dieser Ideologie folgen, begehen oft regelrechte Attentate, um zu unterstreichen, dass Schwarze oder Einwanderer im Allgemeinen nicht die gleichen Rechte haben sollten wie Weiße. Die Minderheiten sollten folglich ausgerottet werden, um »Platz für die überlegene Rasse zu schaffen«.

2010 schlugen das Heimatschutzministerium der USA und das FBI Alarm: Rassistische Gewalt von Weißen machte den Hauptanteil des inländischen Terrorismus der USA aus. Das bedeutet, dass Gewaltvergehen und Attentate von amerikanischen weißen Bürgern zum größten Teil mit Rassenhass in Verbindung stehen.
Auf globaler Ebene verbreiten die White-Supremacy-Gruppen Hassbotschaften oft über die sozialen Medien. Im Netz organisieren sie sogar die illegale Finanzierung von Waffenkäufen, mit denen sie ihre Anschläge durchführen. Nach Angaben der Behörden sind in den vergangenen acht Jahren die Accounts dieser Gruppen exponentiell gewachsen und gehen heute in die Hunderttausende.
Im Juli 2011 tötet der Rechtsterrorist Anders Breivik im norwegischen Oslo und auf der Insel Utøya 77 Menschen.
2019 ist die White-Supremacy-Bewegung – angeheizt von der weltweit wachsenden Propaganda – für die Morde an Dutzenden von betenden Muslimen in der Moschee von Christchurch in Neuseeland verantwortlich.
Die berühmteste rassistische Organisation der Geschichte ist zwar der Ku-Klux-Klan, doch die Prinzipien der weißen Vorherrschaft sind vor allem von zwei Männern auf ein globales Niveau gehoben worden: Benito Mussolini und Adolf Hitler. Während des Zweiten

Weltkriegs gründeten die beiden Diktatoren ihre faschistische und nationalsozialistische Politik auf die angebliche Vorherrschaft der arischen Rasse, erließen Rassengesetze und ermordeten im Holocaust Millionen von Juden. Die Prinzipien von Gewalt und Rassenreinheit sind Überzeugungen sowohl des Ku-Klux-Klans als auch der Faschisten und Nazis, sodass diese Gruppen sich häufig zusammentun, auch wenn sie an unterschiedlichen Orten und mit ganz speziellen oder lokalen Zielen agieren. So sieht man neonazistische Gruppen oft zusammen mit den Nostalgikern des Ku-Klux-Klans aufmarschieren. 2017 wurde in Charlottesville in Virginia eine Frau von einem Rechtsextremen angefahren und getötet, weil sie *gegen* den Aufmarsch der Rassisten und Neonazis demonstrierte.

Dass *White Power* ein hochaktuelles Thema ist, hat schließlich der 6. Januar 2021 gezeigt, als eine Gruppe von Extremisten, die das Ergebnis der US-Präsidentschaftswahlen nicht anerkannte, das Capitol stürmte, den Regierungssitz der USA in Washington D.C. Einige der Verhafteten gehörten zu denselben rechtsextremen Gruppierungen, die drei Jahre zuvor in Charlottesville demonstriert hatten. Und doch unterschieden sich die Bilder dieses Ereignisses von denen, die ein paar Monate zuvor entstanden waren, als nach dem Tod von George Floyd Tausende demonstrierten und von einem Armeeaufgebot in Kampfausrüstung empfangen wurden. Ein Land mit zwei Maßstäben? Das fragten sich die wichtigsten amerikanischen Medien. Und #blacklivesmatter landete wieder in den Schlagzeilen.

KU-KLUX-KLAN: DIE MASKE DES RASSENHASSES

Die erste offiziellen »White Supremacy«-Gruppe wird lange vor der Erfindung der sozialen Medien gegründet. 1865 trifft sich am Weihnachtsabend in Pulaski, Tennessee, eine Gruppe von Veteranen des Unabhängigkeitskrieges und bildet die erste Zelle des berüchtigten Ku-Klux-Klans: Der anonyme Geheimbund organisiert gewaltsame Überfälle, Schlägereien und Morde an den ersten freien Afroamerikanern.

Der KKK, wie ihn später die Zeitungen abkürzen, wird Ende des 19. Jahrhunderts teilweise durch Verordnungen zum Schweigen gebracht. So versucht man, die offensichtliche Gewalt gegen die schwarze Bevölkerung zu unterbinden. Der Ku-Klux-Klan lebt jedoch in den 1910er-Jahren wieder auf, inspiriert unter anderem durch den Stummfilm *The Birth of a Nation (Die Geburt einer Nation, 1915)*, in dem zum ersten Mal die typischen weißen Kostüme mit den Kapuzenmasken und die flammenden Kreuze auftauchen. Diese fiktiven Filmkostüme inspirieren die echten Verkleidungen der KKK-Anhänger. In dieser neuen Form wächst der KKK beständig und erreicht Mitte des 20. Jahrhunderts den Höhepunkt seiner Popularität, als er regelmäßig in den Schlagzeilen auftaucht. In den 1950er-Jahren, auf dem Höhepunkt der rassistischen Gewalt, gibt es z. B. in Birmingham, Alabama, so viele Bombenanschläge auf afroamerikanische Häuser, dass die Stadt in der Presse als »Bombingham« bezeichnet wird.

VON AFRIKA IN DIE WELT: DIE GESCHICHTE DES MENSCHEN ANHAND SEINER MIGRATION

Die natürliche Migration, der Beginn der Zivilisation

Vor 1,75 Millionen Jahren:

Der Homo erectus beginnt, von Afrika nach Eurasien (heute Europa und Asien) zu wandern.

Vor etwa 200.000 Jahren:

Der Homo sapiens besiedelt den gesamten afrikanischen Kontinent und beginnt weiterzuwandern.

Vor etwa 40.000 Jahren:

Der Homo sapiens beginnt, durch Europa und Asien zu wandern, und gelangt bis nach Ozeanien.

Vor etwa 20.000 Jahren:

Von der Nordspitze Asiens aus erreicht der Homo sapiens Nordamerika und Südamerika.

8. Jahrhundert v. Chr.:

Die alten Griechen beginnen eine 250 Jahre andauernde Expansion und Migration in die Mittelmeerkolonien, hauptsächlich nach Sizilien, Süditalien und Frankreich.

6. Jahrhundert v. Chr.:

Die Turkvölker beginnen ihre Wanderungen durch Südosteuropa und Asien.

4. Jahrhundert v. Chr.:

Zeit der keltischen Wanderungen aus Mitteleuropa nach Europa, Spanien, England und Irland.

117 n. Chr.:

Das Römische Reich in seiner größten Ausdehnung umfasst Siedlungen in ganz Europa, England, Nordafrika und im Nahen Osten.

4. Jahrhundert n. Chr.:

Germanische Völker erobern einen Teil des Römischen Reiches bis zu dessen Ende im Jahr 476 n. Chr. Die Bewegungen der so genannten Barbaren dauern bis ins Mittelalter an.

Migration in der Neuzeit: vom Sklavenhandel bis zur Prognose der Weltbank

Während die ersten Wanderungsbewegungen durch natürliche Bevölkerungsexpansion, Eroberungen und die Suche nach neuen fruchtbaren Lebensräumen bedingt sind, suchen in der Neuzeit die Menschen für sich und ihre Familien eine Existenzgrundlage. Sie verlassen die Heimat aus politischen Gründen, suchen Zuflucht vor Krieg und Verfolgung sowie Arbeit in den wachsenden Städten.

1500–1850:

Die größte Migration der modernen Geschichte ist mit dem Sklavenhandel verbunden. Der transatlantische Sklavenhandel dauert 350 Jahre (1500-1850). Zwölf Millionen Menschen werden verschleppt, um den Bedarf an Arbeitskräften in den Kolonien der europäischen imperialistischen Mächte zu stillen. Die Sklaven kommen hauptsächlich aus Afrika und werden auf Schiffen über den Atlantik transportiert. Es ist eines der profitabelsten Geschäfte der damaligen Zeit.

Frühes 20. Jahrhundert:

Anfang des 20. Jahrhunderts wandern sehr viele Menschen aus ihren Heimatländern aus: Sie ziehen von Italien, Norwegen, Irland und Guangdong (China) nach Amerika.

1910–1970:
Nach Ende des Sklavenhandels siedeln sieben Millionen Menschen aus Afrika freiwillig in die ländlichen Regionen des Südens der Vereinigten Staaten über.

1918–1945, Erster und Zweiter Weltkrieg:
Völkermorde und Verfolgung während der Weltkriege geben der Migration einen Schub. Millionen von Menschen suchen politische und humanitäre Zuflucht. Die jüdische Bevölkerung flieht aus ganz Europa, um sich vor der Verfolgung durch die Nazis in Sicherheit zu bringen. Die Einwanderung in das britische Mandatsgebiet Palästina im Nahen Osten erlebt einen Höhepunkt. Das Potsdamer Abkommen am Ende des Zweiten Weltkriegs (1945, unterzeichnet von den westlichen Alliierten und der Sowjetunion) schafft den größten Migrationsstrom in der Geschichte Europas: 20 Millionen Menschen ziehen von Osteuropa nach Westeuropa und in die Vereinigten Staaten.

1947, die Auflösung des Britischen Empires in Indien:
Nach Ende der britischen Herrschaft über Indien migrieren mehr als 20 Millionen Menschen zwischen Indien und Pakistan (und umgekehrt). Die muslimische Bevölkerung zieht in das neue Territorium Pakistans (heute aufgeteilt in Pakistan und Bangladesch), während Hindus und Sikhs in dem nun autonomen Indien leben. Das Klima der Feindseligkeit und des Misstrauens zwischen den neuen Ländern, die zuvor Teil des britischen Empires waren, verursacht auf der Flucht in beide Richtungen den Tod von ca. einer Million Menschen. Heute ist die zirkuläre Migration (d. h. die Migration, die in Zyklen innerhalb eines Landes vonstatten geht, je nachdem, wie sich die Wirtschaft von Region zu Region weiterbewegt) vor allem in Indien besonders beeindruckend, wo 100 Millionen Wanderarbeiter in ständiger Bewegung sind. Dieser große Teil der Bevölkerung hat erhebliche Probleme, das Recht auf Wohnen, Gesundheit und Bildung durchzusetzen.

2015 bis heute:

Das Jahr 2015 markiert einen Anstieg der Migration aus Nordafrika und dem Nahen Osten nach Europa. Tausende Migranten fliehen vor schlechten wirtschaftlichen Bedingungen, Gewalt, Korruption und politischer Instabilität.
Dadurch gerät das europäische Sozialsystem unter Druck, die Spannungen in der Bevölkerung steigen und fremdenfeindliche und rassistische Bewegungen nehmen zu. In Asien suchen unterdessen Hunderttausende von Rohingya (ethnische Muslime aus einem Gebiet des Staates Myanmar) Zuflucht vor der Gewalt der Armee und fliehen ins benachbarte Bangladesch. Heute leben 258 Millionen Menschen (drei Prozent der Weltbevölkerung) außerhalb ihres Herkunftslandes.

2050, die Prognose:

Laut einem aktuellen Bericht der Weltbank könnten bis zum Jahr 2050 mehr als 143 Millionen Menschen zu »Klimamigranten« werden, d. h. die Menschen fliehen vor Dürren, Überschwemmungen, steigendem Meeresspiegel und anderen Auswirkungen des Klimawandels. Die meisten davon werden in Afrika südlich der Sahara, Südostasien und Lateinamerika innerhalb ihrer eigenen Heimatländer Zuflucht suchen. Dies wird einen enormen Druck auf die Großstädte in diesen Gebieten erzeugen, was die Gesundheits-, Bildungs- und Sozialsysteme , die für ein menschenwürdiges Leben notwendig sind, sehr belasten wird.

DIE REISE

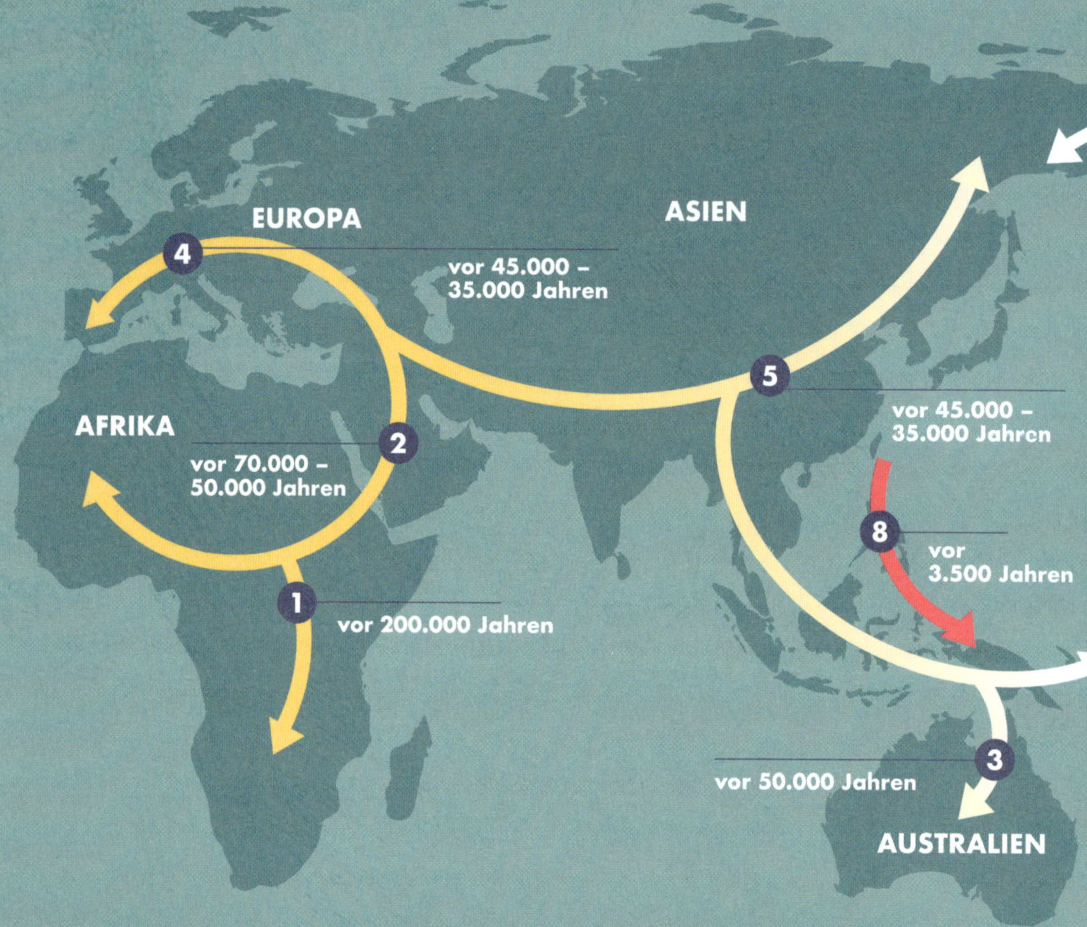

Vor mehr als 60.000 Jahren begannen unsere Vorfahren, von einem Kontinent zum anderen zu wandern, und verließen die Gebiete, die aufgrund von Klima- und Umweltfaktoren für sie unbewohnbar geworden waren. Sie zogen weiter auf der Suche nach fruchtbarerem Land: von Afrika nach Eurasien, von Eurasien nach Amerika.

Damals fanden diese Veränderungen und die damit verbundenen Wanderbewegungen über Jahrtausende hinweg statt. Heute jedoch bereiten wir uns auf eine noch nie dagewesene Migration in nur einer Generation vor, also innerhalb von 25 Jahren, die mit dem zusammenfallen wird, was Wissenschaftler und Ökonomen als »den perfekten Sturm« bezeichnen.

GEHT WEITER

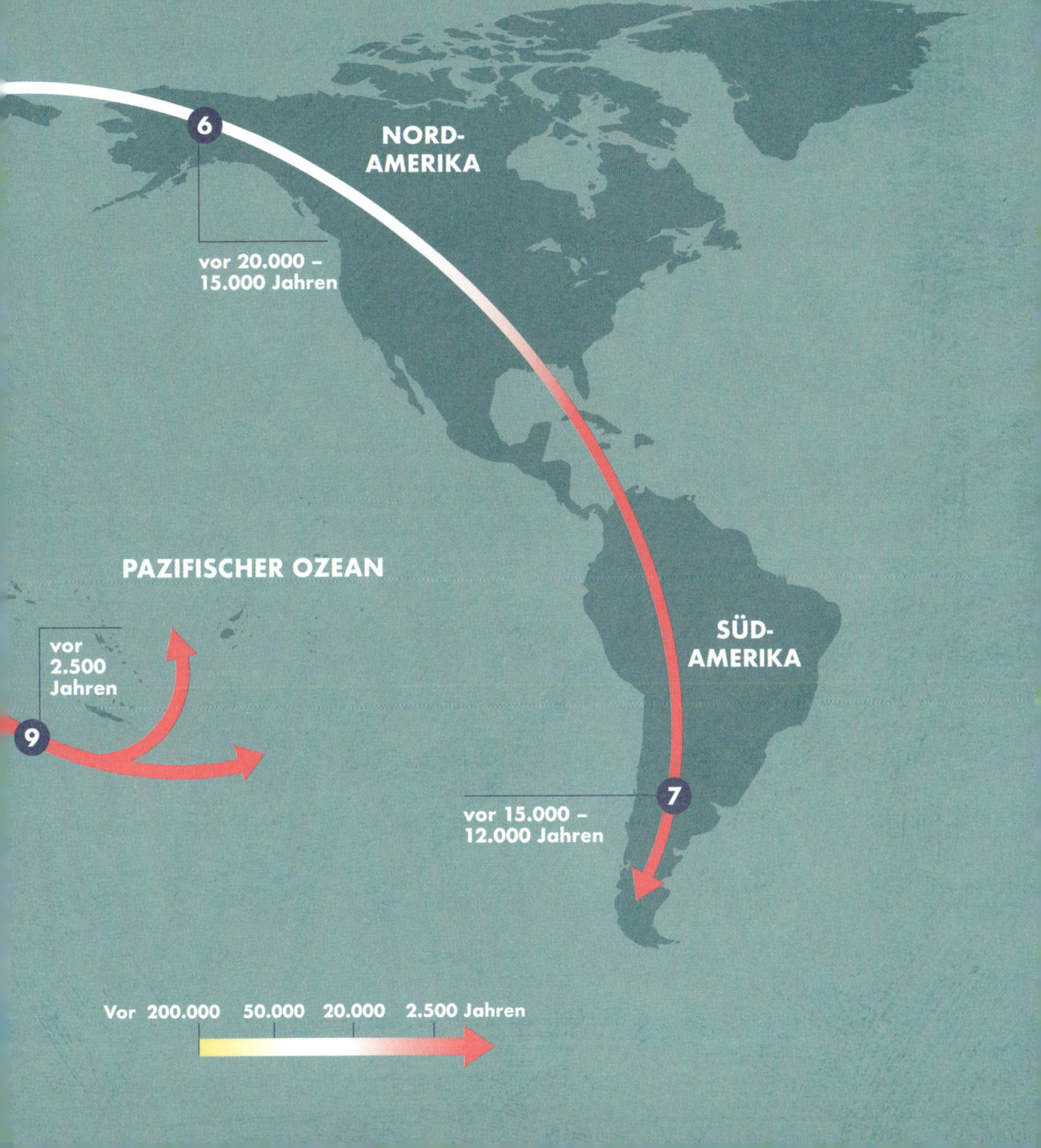

NORD-
AMERIKA

vor 20.000 –
15.000 Jahren

PAZIFISCHER OZEAN

vor
2.500
Jahren

SÜD-
AMERIKA

vor 15.000 –
12.000 Jahren

Vor 200.000 50.000 20.000 2.500 Jahren

KAPITEL 5

DER VORWAND

WARUM ES KEINE GRÜNDE FÜR RASSISMUS GIBT

Im Grunde reicht eine wissenschaftliche Erkenntnis aus, um zu begreifen, dass es für Rassismus überhaupt keine Gründe gibt: Nach den neuesten genetischen Forschungen stammen alle Menschen auf der Erde aus Afrika. Alle. Ganz gleich, welche Farbe unsere Haut hat, welche Sprache wir sprechen, in welchem Teil der Erde wir geboren wurden: Tief in unserer DNA sind wir alle Afrikaner.

Die Unterscheidung nach Rassen ist eine relativ neue Überzeugung. Sie entstand, als einige Bevölkerungsgruppen andere Kontinente eroberten und Wirtschaftskolonien schufen. Dabei brauchten die Eroberer einen Vorwand, um andere Menschen in großem Maßstab systematisch zu unterjochen und auszubeuten, ohne dass jemand –

zumindest damals – ihr Tun infrage stellte. Der Sklavenhandel von Afrika nach Mittel- und Nordamerika begann Ende des 15. Jahrhunderts mit den Spaniern. Er gründete sich auf der Überzeugung, dass kein schwarzer Mensch (oder kein Nichtchrist) frei sein durfte. Jahrhunderte zuvor hatte es das nicht gegeben. Zu Zeiten der alten Ägypter und der Römer gab es zwar bereits Sklaven (immer zu dem Zweck, für wenig Geld Arbeitskräfte – auch hochspezialisierte – zu bekommen), aber sie wurden nicht durch die Rasse definiert. Zum größten Teil handelte es sich in jener Zeit um Kriegsgefangene, die aus ganz Europa und den Mittelmeerländern stammten: aus Spanien, Germanien, Britannien und Griechenland. Ihr Status als *servus* (so der lateinische Begriff) ging auf eine politische und militärische Niederlage zurück, nicht auf ihre Hautfarbe. Die Sklaven Europas waren oft hellhäutiger als ihre römischen *domini*, ihre Herren.

Dass wir alle vom afrikanischen Kontinent stammen, zeigen uns die ursprünglichen Wanderbewegungen. Seit Anbeginn der Menschheit ist zuerst Homo erectus, später Homo sapiens, Hunderttausende von Kilometern durch Europa, Asien, Amerika bis nach Ozeanien gezogen. Die ursprünglichen Gruppen sind in Afrika aufgebrochen, das aus diesem Grund zurecht als »Wiege der Menschheit« bezeichnet wird. Während dieser Wanderungen, die Tausende von Jahren gedauert haben, fanden innerhalb der verschiedenen Gruppen genetische Mutationen statt: Je länger eine Gruppe von den anderen getrennt war, umso unterschiedlicher fielen die Mutationen aus. Kurz gesagt: Die körperlichen Merkmale der Frauen und Männer ähnelten sich innerhalb einer Gruppe, unterschieden sich jedoch im Vergleich zu anderen, mit denen sie seit Tausenden von Jahren keinen Kontakt mehr hatten.

Unzählige Gründe und genetische Kombinationen haben zur Herausbildung der besonderen Merkmale der ethnischen Gruppen von heute beigetragen. Die meisten hängen jedoch mit dem Breitengrad zusammen, also dem Abstand zum Äquator, wo die Menschen leben. Nahe am Äquator herrscht die höchste Sonneneinstrahlung, und dort haben die Mutationen zu einer dunkleren Hautfarbe geführt, die vor schädlichen UV-Strahlen schützt. In der Nähe der beiden Pole hingegen gibt es weniger Sonnenlicht, dort hilft die hellere Haut dem Organismus trotzdem, die nötige Menge an Vitamin D zu bilden. So sind – vereinfacht gesagt – die verschiedenen Hautfarben auf der Erde entstanden.
Die Wissenschaft hat zwar den Weg des Menschen und die daraus resultierenden unterschiedlichen Körpermerkmale nachverfolgen können, aber sie wurde in der jüngeren Vergangenheit auch für die Rechtfertigung gewisser rassistischer Prinzipien missbraucht. Dutzende Male hat man versucht zu beweisen, dass beispielsweise aus Ehen zwischen verschiedenen Ethnien schwächere oder weniger intelligente Nachkommen hervorgehen würden (es konnten jedoch nie wissenschaftlich relevante Daten oder Ergebnisse geliefert werden). Auch dass gewisse Bevölkerungsgruppen über eine bessere körperliche und geistige Gesundheit verfügten und daher vom sozialen Standpunkt aus erstrebenswerter wären als andere, konnte nicht nachgewiesen werden. Nach dem Zweiten Weltkrieg, als die Prinzipien der reinen Rasse in Europa Millionen von Toten verursacht hatten, legten die Vereinten Nationen fest, dass es keine wissenschaftlichen oder sonstigen Erklärungen gibt, die Rassismus rechtfertigen, und dass alle Menschen dieselben Rechte besitzen.

Sklaverei aufgrund der Hautfarbe existiert nur noch in den Geschichtsbüchern. Die UN verbietet jegliche Rechtfertigung für die Ungleichbehandlung bestimmter Bevölkerungsgruppen mit anderen Wurzeln: Doch warum halten heute immer noch Menschen an den Rassendiskriminierungen fest? Die Gründe sind vielfältig und überschneiden sich häufig. Manche liegen beispielsweise in den psychologischen Bedürfnissen der Einzelnen: Die Überzeugung, dass jemand weniger wert ist als man selbst, befreit einen davon, den eigenen Wert beweisen zu müssen. Man kann das eigene Versagen dahinter verstecken. Andere Gründe stammen aus dem Sozialen und der Politik: Es werden Zustände geschaffen oder Behauptungen aufgestellt, damit die Bevölkerung Angst hat. Das Gefühl, das eigene Leben sei in Gefahr, wird befeuert. Es wird Unsicherheit in Bezug auf die Verfügbarkeit von Waren und Dienstleistungen geschürt. Dabei geht es nicht darum, dass die Regierenden keine angemessene Lösung für die Bedürfnisse der Bevölkerung finden können, sondern einfach »weil jemand, der anders ist als man selbst, daran Schuld ist«. Dieses unbewusste und verborgene Kontrollinstrument wurde und wird immer noch von diversen Regierungen genutzt, sogar von demokratischen.

Aber Rassismus ist viel subtiler und gefährlicher. Toni Morrison, eine der großen afroamerikanischen Intellektuellen, Pulitzer-Preisträgerin (1988) und Literaturnobelpreisträgerin (1993), schrieb: »Die wahre Funktion des Rassismus ist Ablenkung. Er hindert dich daran, dich auf deine Arbeit zu konzentrieren. Er zwingt dich, immerfort Zeit damit zu verlieren, deine eigenen Existenzgründe zu erklären.«

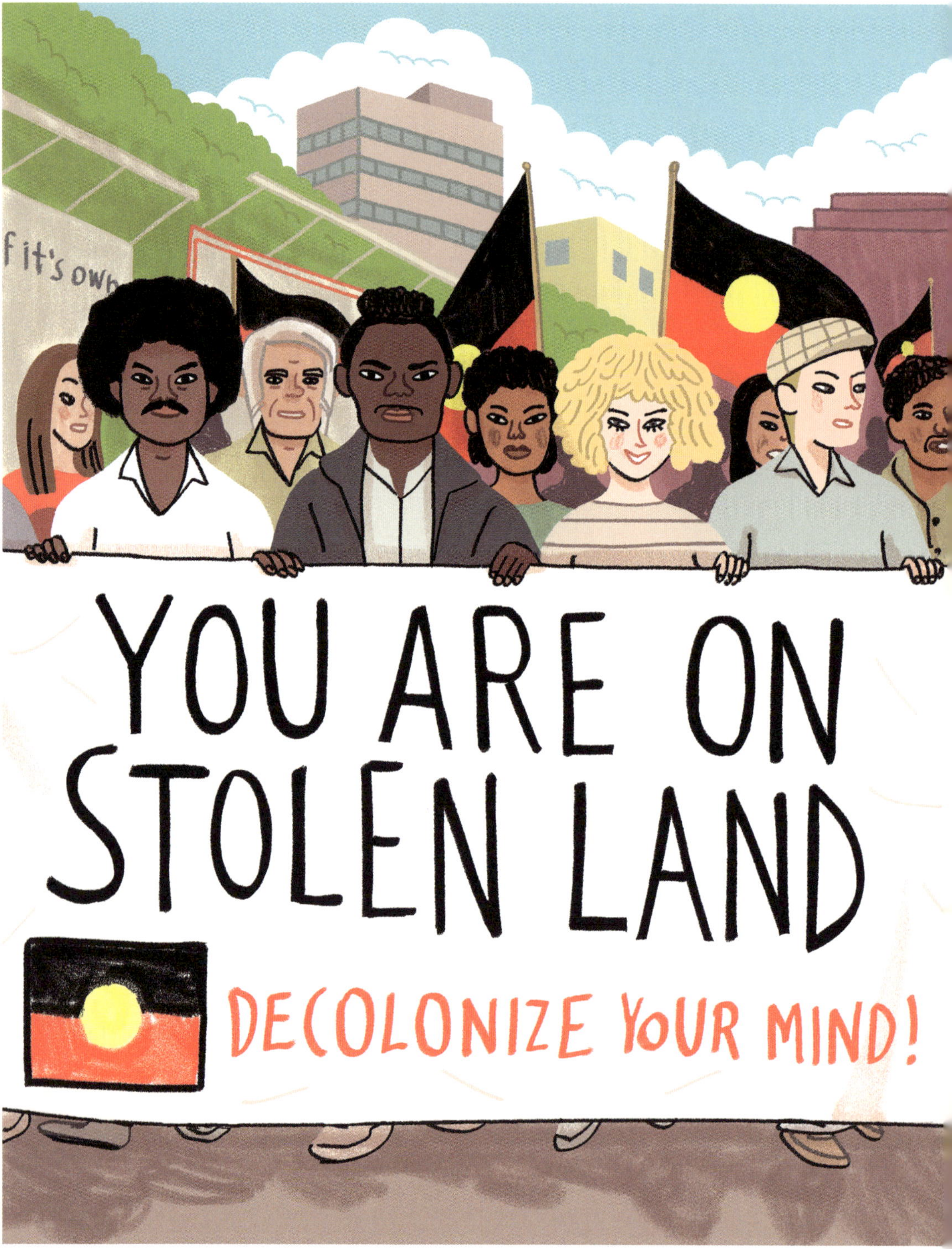
f it's own
YOU ARE ON
STOLEN LAND
DECOLONIZE YOUR MIND!

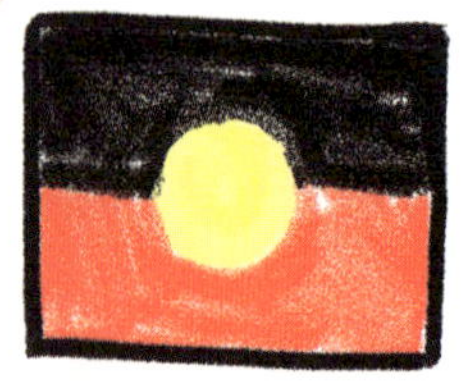

KAPITEL 6

EIN GLOBALES PROBLEM

RASSISMUS ÜBER ALLE GRENZEN HINWEG BEKÄMPFEN

Musik, Filme, TV-Serien, Dokumentationen oder Zeitungsartikel: In den vergangenen Jahren hat die Black-Lives-Matter-Bewegung auf allen Kanälen gezeigt, wie schwierig es für Menschen mit dunkler Hautfarbe – auch heute noch – ist, in den USA zu leben. Dabei hat vor allem die Lage in den Vereinigten Staaten die Berichterstattung über dieses Problem dominiert.

Die Polizeigewalt, der Tod von George Floyd und die Proteste, die danach überall in den USA aufgeflammt sind, als der 46-jährige Afroamerikaner aufhörte zu atmen und *#Icantbreathe* zusammen mit *#blacklivesmatter* millionenfach im Internet auftauchte, haben die Blicke der Öffentlichkeit weltweit auf sich gezogen. Die lange Geschichte der Ausbeutung der afroamerikanischen Bevölkerung, vom Sklavenhandel in den frühen Kolonien bis zu den Diskriminierungen und Verfolgungen im vergangenen Jahrhundert, tat ihr übriges. Doch der systemische Rassismus ist nicht nur ein Problem der Vereinigten Staaten. Im Gegenteil. In vielen Ländern werden ethnische Minderheiten diskriminiert und ungleich behandelt.

Im kanadischen Toronto beispielsweise machen die Schwarzen 37 Prozent der Opfer von Polizeigewalt aus, obwohl sie nur drei Prozent der Gesamtbevölkerung stellen.
In Australien leiden die Ureinwohner, die Aborigines, noch immer unter der Ungleichbehandlung. Seit etwa 60.000 Jahren leben sie auf dem Kontinent, doch nachdem Kapitän James Cook im Jahr 1770 den Kontinent für England in Besitz nahm, wurden die Aborigines von den englischen und irischen Kolonialisten aus den Küstenregionen vertrieben (wo das Klima vor allem für die Landwirtschaft am geeignetsten ist). Während die weißen Europäer die Kolonien schufen, in denen – auch dank des Goldrausches Mitte des 18. Jahrhunderts – die heutigen australischen Metropolen entstanden, wurden die Aborigines immer weiter ins Landesinnere gedrängt, in dem das Leben aufgrund des trockenen Klimas extrem schwierig ist. Engländer und Iren brachten neben den Waffen, mit denen sie ihre Überlegenheit gegenüber den Ureinwohnern durchsetzten, aber auch Krankheiten wie Pocken, Grippe und Syphilis auf den Kontinent, denen die Aborigines nie zuvor ausgesetzt waren und die jahrzehntelange Epidemien

auslösten, was die Bevölkerung zusätzlich dezimierte. Erst 1976 mit der Unterzeichnung des Aboriginal Land Rights Act wurde den australischen Ureinwohnern das Recht zugesprochen, wieder Land zu besitzen. Aktuell gibt es weitere Initiativen, die Kunst und Kultur dieser alten Zivilisation fördern. Noch heute machen die Nachwirkungen der Vergangenheit und das Aufkommen neuer rassistischer Bewegungen weltweit dieses Thema auch in Australien brandaktuell.

In Südafrika fanden nach Nelson Mandelas Kampf gegen die Apartheid ebenfalls große Veränderungen statt. Diese waren allerdings nur schwer zu erreichen, und noch heute wird um die Stabilität im Land gekämpft. Aber auch in Europa, dem Kontinent, der einige der ältesten und angesehensten Demokratien der Welt hervorgebracht hat, findet sich systemischer Rassismus. Auf der Welle von Black Lives Matter haben Recherchen des Europäischen Netzwerks Gegen Rassismus interessante Daten für Europa offengelegt. Der Bericht, der 2018 veröffentlicht wurde, *Racism and discrimination in employment in Europe* (Rassismus und Diskriminierung auf dem europäischen Arbeitsmarkt), stellt fest, dass alle ethnischen Minderheiten erhebliche Diskriminierungen am Arbeitsplatz und bei Wirtschaftsgeschäften erfahren, wobei Frauen noch mehr Ungleichheit erleben als Männer. Obwohl es Gesetze gegen Diskriminierung gibt, wird ihre Durchsetzung oft nicht ausreichend kontrolliert.

Wer in Belgien beispielsweise einen Lebenslauf mit einem landesuntypischen Namen abgibt, hat eine um 30 Prozent verringerte Chance, zu einem Vorstellungsgespräch eingeladen zu werden, als Bewerber mit einem flämischen Namen.

In Dänemark, England und Spanien arbeiten viele Menschen aus anderen Ländern in Niedriglohnjobs, für die sie überqualifiziert sind. Nur wenige Manager gehören einer Minderheit an. In Deutschland werden Menschen afrikanischer Abstammung um 25 Prozent schlechter bezahlt als der Durchschnitt.
In Italien und Griechenland führt der Bericht immer noch Schwarzarbeit und Minimalst-Löhne für Migranten aus afrikanischen Ländern auf, die ein Schattendasein führen und daher häufig Opfer von Gewalt und Ungerechtigkeit werden. In Frankreich schließlich hat ein Jugendlicher – laut einer Erhebung des Europarates – mit afrikanischem oder arabischem Aussehen ein zwanzigfach höheres Risiko, von der Polizei kontrolliert zu werden, als jeder andere französische Mitbürger.

Zur Verbesserung dieser Situation könnte Europa diverse Maßnahmen treffen, u. a. für eine bessere politische Vertretung dieser Gruppen sorgen: Heute sind nur 24 der 705 Delegierten im Europaparlament People of Color (also drei Prozent), obwohl diese Menschen bereits mehr als zehn Prozent aller Europäer ausmachen.

KAPITEL 7

NELSON MANDELA

DER UNRUHESTIFTER, DER SÜDAFRIKA RETTETE

Am 18. Juli 1918 wurde in Mvezo, einem kleinen Dorf in Südafrika, ein Kind geboren, das den Namen *Rolihlahla* bekam: In der Sprache der Xhosa bedeutet er so viel wie *Unruhestifter.* Niemand hätte sich je vorstellen können, dass der kleine Rolihlahla als Erwachsener in seinem Heimatland die Rassentrennung, die Apartheid (in der Sprache Afrikaans bedeutet dieses Wort *Trennung*), beendet. In Südafrika wurde erbittert um die Rechte der schwarzen Bevölkerung gekämpft.

Mandela, der seit seinem ersten Schultag den britischen Vornamen Nelson trug, studierte an der Universität von Fort Hare Politik (bis er von der Uni geworfen wurde, weil er an einer studentischen Demonstration teilnahm). Später wurde er zum berühmtesten politischen Gefangenen der Welt und verbrachte 27 Jahre seines

Lebens in Haft, weil er friedlich gegen den Rassismus der Weißen in Südafrika kämpfte. 1993 erhielt er den Friedensnobelpreis und war von 1994 bis 1999 Präsident seines Landes.
Seit Mitte des 17. Jahrhunderts herrschten in Südafrika europäische Kolonialisten, allen voran die Holländer, die von dem fruchtbaren Land und den wertvollen Bodenschätzen profitieren wollten. Die Buren, so der Name der ersten weißen Kolonialisten aus den Niederlanden, regierten Südafrika ab 1948 mithilfe der Gesetze zur Rassentrennung der National Party. Seit 1944 engagierte sich Nelson Mandela im African National Congress (ANC), der Partei, die dieser Ungerechtigkeit ein Ende setzen wollte. 1952 wurde er zum ersten Mal verhaftet, als er eine friedliche Protestaktion anführte. In den folgenden Jahren spaltete sich eine radikalere Partei vom ANC ab, die wiederum das gewalttätige Vorgehen von Seiten der Polizei provozierte (darunter das Massaker von Sharpeville am 21. März 1960, bei dem 69 Menschen erschossen wurden. Heute feiert Südafrika an diesem Datum den »Tag der Menschenrechte«.) Mandela, der mittlerweile Anführer des bewaffneten Arms des ANC war und im Untergrund lebte, wurde 1962 erneut verhaftet und am 12. Juni 1964 wegen Sabotage zu einer lebenslänglichen Haftstrafe verurteilt, die er die meiste Zeit im Hochsicherheitsgefängnis auf Robben Island absaß, einer Insel vor der Küste von Kapstadt.
In den 1980er-Jahren wurde Südafrika wegen seiner rassistischen Politik international mit politischen und wirtschaftlichen Sanktionen belegt. Mandela galt als politischer Gefangener. Der damalige weiße Präsident, Frederik Willem de Klerk, beugte sich schließlich dem Druck der anderen Staaten und ließ Mandela am 11. Februar 1990 frei. Damals war Mandela 71 Jahre alt und wurde ein gutes Jahr später zum Präsidenten des ANC gewählt. Er begann einen

Dialog mit Willem de Klerk und verhinderte so den schon fast unumgänglichen Bürgerkrieg zwischen Weißen und Schwarzen. Für diese Anstrengungen erhielten beide, Mandela und de Klerk, 1993 den Friedensnobelpreis, weil »sie die Apartheid friedlich beendet und die Grundlagen für ein demokratisches Südafrika gelegt haben«.

Am 27. April 1994 fanden in Südafrika die ersten freien demokratischen Wahlen statt, bei denen alle Bürger unabhängig ihrer Herkunft wählen durften. Der ANC gewann mit 62 Prozent der Stimmen und Nelson Mandela wurde Staatsoberhaupt des Landes. Er war ein aufgeklärter und friedlicher Präsident, der bereit war zu vergeben. 1996 setzte er daher die Wahrheits- und Versöhnungskommission (*Truth and Reconciliation Commission*) ein, die die Verbrechen des Apartheid-Regimes ohne Rachegedanken aufarbeiten sollte.

Rolihlahla, der *Unruhestifter*, starb mit 95 Jahren in seinem eigenen Bett als freier Mann am 5. Dezember 2013, nachdem er das eigene Land von der Rassentrennung befreit und den globalen Blick auf systemischen Rassismus definitiv verändert hatte.

Die Grundlagen des Antirassismus: Die Allgemeine Erklärung der Menschenrechte

Am 10. Dezember 1948 trafen sich die Siegerstaaten des Zweiten Weltkriegs und beschlossen eine allgemeine Erklärung der grundlegenden Prinzipien der Menschenrechte. Viele dieser Rechte beziehen sich auf die Gleichheit der Menschen ohne Ansehen von Rasse oder Religion. Dies sind die wichtigsten Grundrechte:

Alle Menschen sind frei und gleich an Würde und Rechten geboren. [...]
Jeder hat Anspruch auf die in dieser Erklärung verkündeten Rechte und Freiheiten ohne irgendeinen Unterschied, etwa nach Rasse, Hautfarbe, Geschlecht, Sprache, Religion, politischer oder sonstiger Überzeugung, nationaler oder sozialer Herkunft, Vermögen, Geburt oder sonstigem Stand. [...]
Jeder hat das Recht auf Leben, Freiheit und Sicherheit der Person.
Niemand darf in Sklaverei oder Leibeigenschaft gehalten werden; Sklaverei und Sklavenhandel sind in allen ihren Formen verboten.
Niemand darf der Folter oder grausamer, unmenschlicher oder erniedrigender Behandlung oder Strafe unterworfen werden.
Alle Menschen sind vor dem Gesetz gleich und haben ohne Unterschied Anspruch auf gleichen Schutz durch das Gesetz. [...]
Niemand darf willkürlich festgenommen, in Haft gehalten oder des Landes verwiesen werden.
Jeder, der einer strafbaren Handlung beschuldigt wird, hat das Recht, als unschuldig zu gelten, solange seine Schuld nicht in einem öffentlichen Verfahren bewiesen wird, in dem er alle für seine Verteidigung notwendigen Garantien gehabt hat, [...]
Heiratsfähige Frauen und Männer haben ohne Beschränkung auf Grund der Rasse, der Staatsangehörigkeit oder der Religion das Recht zu heiraten und eine Familie zu gründen. [...]
Alle Menschen haben das Recht, sich friedlich zu versammeln und zu Vereinigungen zusammenzuschließen. [...]
Jeder hat das Recht auf Arbeit, auf freie Berufswahl, auf gerechte und befriedigende Arbeitsbedingungen sowie auf Schutz vor Arbeitslosigkeit.
Jeder, ohne Unterschied, hat das Recht auf gleichen Lohn für gleiche Arbeit. [...]
Jeder hat das Recht auf Bildung. [...]
Die Bildung muss auf die volle Entfaltung der menschlichen Persönlichkeit und auf die Stärkung der Achtung vor den Menschenrechten und Grundfreiheiten gerichtet sein. Sie muss zu Verständnis, Toleranz und Freundschaft zwischen allen Nationen und allen rassischen oder religiösen Gruppen beitragen und der Tätigkeit der Vereinten Nationen für die Wahrung des Friedens förderlich sein.

KAPITEL 8

AUS EINEM ANDEREN BLICKWINKEL

ALS DIE EUROPÄER INS FADENKREUZ DES KKK GERIETEN

Rassismus und Xenophobie sind zwei unterschiedliche Gesinnungen, die sich allerdings häufig überlagern. Rassismus gründet sich vor allem auf Diskriminierungen, die mit physischen Merkmalen verbunden sind, wie Hautfarbe oder bestimmte Körperformen. Xenophobie hingegen ist die Furcht vor dem Fremden, also vor Menschen, die z B. aus anderen Ländern oder Kulturkreisen kommen. Rassismus verteilt die Macht aufgrund von Äußerlichkeiten: Die Weißen haben mehr davon als die Schwarzen (oder andere Ethnien mit einer dunkleren Hautfarbe als die Weißen) und werden entsprechend bevorzugt. Xenophobie hingegen ist eine feindselige Haltung gegenüber jemandem, der aus einem anderen Land kommt, selbst wenn er über die gleichen körperlichen Merkmale verfügt.

Es ist schwierig, die beiden Haltungen zu unterscheiden, denn Xenophobie zeigt sich oftmals gegenüber People of Color, vor allem gegenüber Migranten oder Geflüchteten, und geht damit in Rassismus über: Diese Gesinnungen überschneiden sich und heizen sich gegenseitig an. Die Behandlung der Menschen, die vor allem aus Afrika und dem Nahen Osten nach Europa kommen oder die aus Mittelamerika in die USA wollen, verschärft die fremdenfeindlichen Gefühle.

Wer verstehen will, was richtig und was falsch ist, kann sich mit der *Allgemeinen Erklärung der Menschenrechte* der UN befassen. Sie wurde nach dem Zweiten Weltkrieg verabschiedet, der für mehr als 50 Millionen Toten und durch Rassengesetze und Holocaust für unendliches Leid sorgte. Diese Erklärung zeigt, dass die Gleichheitsprinzipien weltweit gelten.

Man kann es jedoch auch von einer anderen Seite betrachten: Auch Europäer sind Opfer von Fremdenfeindlichkeit geworden, als viele von ihnen im vergangenen Jahrhundert nach Amerika und Australien auswanderten.

Ein Symbol dafür ist Ellis Island vor New York: Vom 1. Januar 1892 mussten die Schiffe mit den Migranten aus Europa hier anlegen. Die Irin Annie Moore setzte als erste Einwanderin einen Fuß auf diese kleine Insel. In den nachfolgenden 62 Jahren gingen hier zwölf Millionen Migranten an Land. Der Letzte war im November 1954 der norwegische Händler Arne Peterssen. Ellis Island war das Eingangstor nach Amerika und stellte für Millionen von

Migranten eine große Verheißung dar: Vor allem Italiener, Griechen, Iren, Deutsche, Skandinavier, Ungarn, Tschechen, Polen, Türken, Syrer und Menschen aus dem Nahen Osten hatten ihre Heimat verlassen, da die wirtschaftlichen Aussichten dort schlecht waren und ihnen Hungersnöte und Armut drohten. Auf der Insel wurden die Migranten jedoch anhand ihrer Dokumente und ihres Gesundheitszustands beurteilt und ausgewählt: Die Ärzte der Einwanderungsbehörden hatten in den ersten Jahren gerade einmal sechs Sekunden Zeit, um festzustellen, ob eine Person in das Land einreisen durfte oder nicht. War sie krank oder beeinträchtigt, wurde sie zurückgeschickt.
In Australien gab es ähnliche Einrichtungen, manche ähnelten richtigen Gefängnissen. So wie im Hinterland von Victoria, wo europäische Einwanderer nach dem Zweiten Weltkrieg im Militärlager Bonegilla in Blechhütten untergebracht wurden, in denen es im Sommer kochend heiß und im Winter eisig kalt war. Erst durch einen Aufstand, der die Aufmerksamkeit der Behörden auf die dortigen Lebensbedingungen lenkte, änderte sich die Einwanderungspolitik im Land.

War das Hindernis der Einreise erst einmal überwunden, mussten die Europäer und die Migranten aus dem Nahen Osten (in der Folge auch Asiaten und Chinesen, die auch noch heute Opfer von Rassismus werden) Jahrzehnten voller fremdenfeindlicher Stimmung ertragen. In den USA wurden Italiener beispielsweise immer mit dem Gangster gleichgesetzt, der im Hinterzimmer seines Restaurants illegale Geschäfte betreibt. Zwischen den Einheimischen

und denen, die abfällig *dagos* (Kanaken) genannt wurden, bestand lange Zeit eine große soziale Kluft.
Auch griechische, irische und chinesische Migranten wurden verdächtigt, mehr oder weniger organisierte Kriminalität zu betreiben. Abfällige Bezeichnungen für die neu Angekommenen waren bei den Durchschnittamerikanern oder -australiern alltäglich. Die Kinder der ersten Einwanderergeneration wollten daher nicht die Sprache ihrer Herkunftsfamilie benutzen, um in der Schule nicht aufzufallen und sich vor Mobbing oder kultureller Verfolgung zu schützen. Es blieb nämlich nicht nur bei Schimpfworten und Schulhofprügeleien: In den USA beispielweise gerieten die Communitys aus Südeuropa ins Fadenkreuz des Ku-Klux-Klans, ebenso wie die Afroamerikaner, eben weil sie für nicht *weiß genug* gehalten wurden.

Sobald wir also den Blickwinkel ändern und erkennen, wie unsinnig das Konzept von Rasse, Hautfarbe oder Herkunft ist, entziehen wir der Xenophobie die Macht und die Grundlage: Wir alle kommen aus einem anderen Land, wir alle haben Grenzen überwunden, um ein besseres Leben zu führen.

KAPITEL 9

WHITE PRIVILEGE

DER UNSICHTBARE VORTEIL, DER EINE VERÄNDERUNG BEHINDERT

Während der Kolonialzeit, als durch die Eroberung der sogenannten »neuen Welt« – von Amerika bis Indien – der Sklavenhandel zum Motor der wirtschaftlichen Entwicklung in Europa wurde, griff die Überzeugung um sich, People of Color wären anders und müssten deshalb auch anders behandelt werden. Natürlich beteiligten sich nicht alle weißen Menschen an den Gewalttaten und dem Amtsmissbrauch gegenüber der schwarzen Bevölkerung, aber die Verbreitung von Anekdoten und Vorurteilen diente hauptsächlich dazu, die stillschweigende Zustimmung der Mehrheit zu erlangen.

Seit damals hat sich auf diesem Nährboden das entwickelt, was Soziologen *white privilege*, das weiße Privileg, nennen.
Vor der Verabschiedung des Civil Rights Act von 1964 bezeichnete der Ausdruck *white privilege* die objektiven rechtlichen, finanziellen und systemischen Vorteile, die die weißen Einwohner der Vereinigten Staaten genossen, wie beispielsweise das Wahlrecht oder das Recht, ein Haus in einem bestimmten Viertel zu kaufen, weil sie es über eine Hypothek finanzieren konnten. Nachdem das Bürgerrechtsgesetz zumindest auf dem Papier die offensichtlichsten Diskriminierungen verbot, blieb jedoch das *white privilege* wie eine soziale Narbe zurück. Es war das Ergebnis von jahrhundertelanger Rassentrennung und Vorurteilen. Die amerikanische Soziologin Peggy MacIntosh hat es 1989 als »einen unsichtbaren, gewichtslosen Rucksack voller Sonderregelungen, Karten, Codes, Pässe, Visa, Kleidung, Instrumente und Blankoschecks« bezeichnet. Doch was bedeutet das?
Fangen wir damit an, was es NICHT bedeutet. Es bedeutet vor allem nicht, dass Weiße ein einfaches Leben haben, dass sie nicht lernen oder nicht hart arbeiten müssen, um eine Arbeit zu bekommen und der eigenen Familie das wirtschaftliche und soziale Überleben zu sichern. Es bedeutet jedoch, dass einem schwarzen Menschen mit dem gleichen Potential für die gleiche Position weniger Chancen eingeräumt werden. Hierbei geht es nicht (nur) um die offensichtlichen Benachteiligungen oder kleinen Ungerechtigkeiten, hierbei handelt es sich um das *Hintergrundrauschen*, das alle Interaktionen von ethnischen Minderheiten mit der weißen Gesellschaft und Kultur begleitet. Es handelt sich hierbei nicht nur um die Beziehung zwischen Minderheit und Mehrheit. Es ist vielmehr

eine kulturelle Frage, bei der sich das *white privilege* auch in den Ländern durchsetzt, in denen die Weißen nur noch einen kleinen Prozentsatz der Bevölkerung ausmachen (wie in den ehemaligen Kolonien) oder in denen sie im Laufe der Geschichte nicht einmal waren, sondern nur als Bild der dominierenden Kultur existieren. In Südkorea beispielsweise wird eine hellerer Hautton oder ein weißer Partner oft als ein Statussymbol angesehen.

Weiß zu sein hilft zudem, größeres Mitgefühl zu erregen. Das hat eine australische Studie in den öffentlichen Verkehrsmitteln von Brisbane gezeigt: Die Forscher haben 1.500 Männer und Frauen, weiße und of Color, in Busse steigen lassen. Die Aufgabe der Teilnehmer bei diesem Experiment war es, dem Fahrer zu erklären, dass man nicht genug Geld für die Fahrkarte hätte, und abzuwarten, was passieren würde. 72 Prozent der weißen Fahrgäste durften trotzdem mitfahren, während dies nur 36 Prozent der People of Color erlaubt wurde.

Aus wirtschaftlicher Sicht bedeutet *white privilege* auch, am sozialen Aufstieg nicht behindert zu werden, was jedoch immer noch negative Konsequenzen hat. Als im vergangenen Jahrhundert das Redlining der amerikanischen Banken den People of Color verwehrte, die erste Sprosse der sozialen Leiter zu erklimmen (also ein eigenes Haus zu kaufen), ist ein Nachteil entstanden, der sich noch heute negativ auf Finanzen, Bildung und Gehalt der Betroffenen auswirkt.

White privilege bedeutet also, dass es Weiße trotz aller Höhen und Tiefen im Leben weiter bringen und sich dabei nur um die praktischen Fragen kümmern müssen, nicht aber um die eigene Hautfarbe.

VON DER MACHT DER NORMALITÄT UND DEM VERTRAUENSVORSCHUSS

White privilege wird auch als »die Macht der Normalität« bezeichnet oder »Vertrauensvorschuss«. Nehmen wir z. B. einen Jungen, der eine Straße entlangschlendert. Handelt es sich um einen weißen Jungen, so ist es statistisch gesehen wahrscheinlicher, dass er keinen Verdacht erregt, nicht mal, wenn er ein altes T-Shirt und eine zerrissene Jeans trägt. Für die meisten Passanten wäre er ein »normaler Teenager, gekleidet nach der neuesten, lässigen Vintage-Mode«. Keiner, abgesehen von ein paar Ausnahmen, würde ihn als ein verdächtiges Subjekt oder als potenziell gefährlich einstufen. Man würde ihn für völlig normal halten und ihm vertrauen.

Wäre jedoch ein schwarzer Junge in der gleichen Situation, würde es nicht so laufen. Die zerrissene Kleidung, die Tatsache, dass er anscheinend ziellos herumstreunt, würden einen gewissen Anteil der Bevölkerung vermuten lassen, dass er in wirtschaftlichen Schwierigkeiten steckt (seine Kleidung würde als minderwertig und nicht als Vintage bewertet) und dass er daher etwas Übles im Sinn haben könnte (kein Vertrauensvorschuss). In diesem Fall hat der weiße Junge unbewusst eine Form von *white privilege* ausgenutzt.

Meistens wird *white privilege* nicht aktiv und absichtlich ausgeübt: Es ist einfach eine Tatsache.

KAPITEL 10

SIND WIR ALLE RASSISTEN?

UNBEWUSSTE VORURTEILE BEEINFLUSSEN UNSERE ENTSCHEIDUNGEN

»Sie haben eine größere Präferenz für weiße Europäer«: So lautete das Ergebnis eines Testes, an dem ich neulich teilgenommen habe. Das war eine ziemlich kalte Dusche. Denn eigentlich habe ich eine inklusive Erziehung genossen, die mir die Prinzipien der Gleichbehandlung und der universellen Rechte vermittelt hat. Zudem bin ich gut informiert, sonst würde ich kein Buch über dieses Thema schreiben. Und trotzdem steht da dieser Satz.
Wie kann das sein? Auch wenn Tests nicht immer unfehlbar sind, so konfrontieren sie uns doch manchmal mit etwas, das wir nicht

zu haben glauben: unbewusste Vorurteile. Aber wir alle haben sie, oder fast.
Um diesem großen und unsichtbaren Phänomen auf die Spur zu kommen, haben Psychologen der Universität Harvard das *Project Implicit* (das Implizit-Projekt) entwickelt. Damit wollen sie die im Unterbewussten verborgenen Vorurteile in vielen von uns aufdecken, auch von denjenigen, die sich – auf der bewussten Ebene – für aufgeklärt und nichtdiskriminierend halten.
Harvard hat dieses Projekt im Internet veröffentlicht (siehe Nützliche Websites, S. 124), um der breiten Öffentlichkeit und nicht nur den Akademikern klarzumachen, wie sehr wir Rassismus immer noch bekämpfen müssen, selbst dort, wo wir ihn nicht erwarten.
Es handelt sich dabei um einen Reaktionstest, den man am Rechner machen kann. Das Programm wertet nicht nur die einzelnen Antworten auf die Fragen aus (die, auf der bewussten Ebene sehr ausgewogen sein können), sondern es berechnet auch die Schnelligkeit, mit der wir auf bestimmte Assoziationen reagieren: Gesichter von Weißen und Schwarzen werden dabei mit positiven und negativen Adjektiven in Verbindung gesetzt. Scheinbar reagiert unser Gehirn schneller auf die Assoziationen, die tiefer in uns verwurzelt sind, die also in unserem Unterbewusstsein herrschen. In diesem Fall haben mehr als die Hälfte der Befragten bei weißen Gesichtern schneller auf die positiven Assoziationen reagiert als bei den schwarzen, und hier kommen die unbewussten Vorurteile zum Vorschein. Doch wozu das gut sein soll?
Vorurteile sind Einstellungen, die wir von Beginn unseres Lebens durch die Interaktion mit unserem Umfeld sammeln, in dem wir aufwachsen, also durch unsere Familie, unsere Freunde und die

Schule. Das Gehirn übernimmt dabei auch nur Nuancen dieser Einstellungen wie unmerkliche Gesten (beispielsweise die Hand der Großmutter, die uns in der Straßenbahn fester hält, wenn wir in der Nähe einer Person of Color stehen).

Während wir aufwachsen, entwickeln wir unsere Persönlichkeit durch aktives Lernen (z. B. im Geschichtsunterricht in der Schule oder durch das Wissen um die Menschenrechte), aber auch durch passives Lernen (wie der Händedruck oder ein rassistischer Kommentar, den wir in einem stressigen oder furchterregenden Moment hören). Eine Eigenschaft von Vorurteilen ist, dass sie uns unbewusst dazu anhalten, ständig Informationen zu sammeln, die sie bestätigen und verstärken. Dieser Mechanismus hat in der Evolution des Menschen anfangs eine sehr nützliche Funktion gehabt: So konnten wir uns vor Gefahren in unserer Umgebung in Sicherheit bringen. Der Tiger beispielsweise ist gefährlich, vor allem, wenn man als Urzeitmensch in einer Höhle lebt und nur einen Knüppel zur Verteidigung besitzt. Das Vorurteil gegenüber dem Tiger zu stärken, hat unseren Ahnen geholfen, aktiv Vorsichtsmaßnahmen zu ergreifen (wie seine Spuren zu lesen und seinen Geruch schon aus der Ferne wahrzunehmen) und das überlebenswichtige Wissen weiterzugeben (also den Kindern beizubringen, es ebenso zu machen). Wenn wir uns also nicht bewusst machen, dass wir in unserem Unterbewussten rassistische Vorurteile hegen, laufen wir Gefahr, nur die Informationen aufzunehmen, die diese Vorurteile verstärken, bis sie eines Tages vielleicht hervorbrechen und wir etwas tun oder sagen, das nicht der Gleichbehandlung und Toleranz entspricht.

Unsere tiefsten Überzeugungen bestimmen unseren Alltag mehr, als wir uns vorstellen. Eine Person, die beispielsweise unbewusste Vorurteile gegenüber Schwarzen hat, kann – laut den Wissenschaftlern – eine Spielzeugpistole leichter mit einer echten Waffe verwechseln, auch wenn ein Kind sie hält (so wie es 2014 in Cleveland, Ohio, bei dem kleinen Tamir Rice passiert ist).

Oder die unbewussten Vorurteile hindern uns daran, aktiv an Initiativen teilzunehmen, die die Gleichbehandlung fördern, auch wenn wir diese bewusst gutheißen, denn unser Unterbewusstsein bremst uns aus, ohne dass wir uns dessen völlig bewusst sind. Das Ziel von Wissen ist immer, die Welt, in der wir leben, besser zu machen. Daher dürfen wir keine Angst davor haben, etwas *wissen zu wollen*, auch wenn das, was wir dann vorfinden, nicht genau das ist, was wir erwarten. Unsere Antennen auf den Rassismus auszurichten, ganz gleich, ob er sich versteckt oder offen zeigt, gibt uns die Möglichkeit, die Dinge bewusst zu verändern.

Zudem sollten wir nicht vergessen, dass das Wissen um unsere ungewollten Vorurteile uns auch helfen kann, uns in diejenigen hineinzuversetzen, die diese Vorurteile offen aussprechen. Es hilft uns, mit diesen Leuten umzugehen, ohne mit dem Finger auf sie zu zeigen. So können wir versuchen, zu verstehen, woher ihre Vorurteile stammen, die wir nicht teilen. Empathie (also Einfühlungsvermögen) zu entwickeln, ist der erste Schritt, um mit anderen in Kontakt zu kommen und ein Gespräch zu beginnen: So bauen wir Brücken, die vereinen, statt Mauern, die trennen.

KAPITEL 11

DIE ZWEIFACHEN OPFER

RASSISMUS TRIFFT VOR ALLEM DIE FRAUEN

In Bezug auf die Gleichbehandlung gibt es zwei grundlegende Probleme, die weltweit Aufmerksamkeit erregen: Die Gleichbehandlung von Schwarzen und Weißen und die von Frau und Mann. Rassismus und Geschlechterdiskriminierung treffen nämlich eine bestimmte Gruppe von Menschen doppelt: die Frauen of Color und die einer ethnischen Minderheit.

1995 endete die Weltfrauenkonferenz in Peking mit der Feststellung, dass »alle Frauen und Mädchen [...] sich aufgrund von Faktoren wie Rasse, Alter, Sprache, ethnische Herkunft, Kultur, Religion oder Behinderung oder aufgrund ihrer Zugehörigkeit zur autochthonen Bevölkerung in mehrfacher Hinsicht Hindernissen gegenübersehen, was ihre Machtgleichstellung und Förderung betrifft [...].« Viele Frauen sind gezwungen, ihre Heimat zu verlassen oder politisches Asyl zu suchen. Viele dieser migrantischen oder geflüchteten Frauen haben Schwierigkeiten, sich wegen ihrer Herkunft im sozialen und wirtschaftlichen Umfeld des neuen Landes einzugliedern.

Ganz allgemein ist es auch in besser entwickelten Ländern immer problematischer, eine Frau zu sein als ein Mann. In der Arbeitswelt verdienten Frauen im Jahr 2020 beispielsweise immer noch im Schnitt 18 Prozent weniger als ihre männlichen Kollegen, selbst wenn sie den gleichen Abschluss haben und die gleiche Position bekleiden. Frauen of Color verdienen in den USA 38 Prozent weniger als ihre weißen männlichen Kollegen. Und nur einer von zwei Amerikanern weiß um diesen Unterschied. Das hört sich absurd an? Dann macht folgenden Test: Bittet eure Eltern, an ihrem Arbeitsplatz nach den Gehältern der Kollegen und Kolleginnen zu fragen. Ihr werdet feststellen, dass sich auch dort dieser Unterschied findet. Wie viel verdienen die Frauen im Vergleich zu den Männern in der Firma? Und wie viel die Frauen of Color? Fragen zu stellen und sich zu informieren, ist der erste Schritt, mit dem wir die eingefahrenen Gewohnheiten aufbrechen und die Dinge zum Besseren verändern können.

Die Diskriminierung hat jedoch nicht nur wirtschaftliche Seiten, sondern auch soziale. Eine Frau, die bei der Arbeit unter Druck gesetzt wird und nicht die angemessene Entlohnung erhält, verzichtet mit größerer Wahrscheinlichkeit auf die eigene Karriere – aus der Not heraus (weil sie vielleicht niemanden anstellen kann, der sich um die Kinder und den Haushalt kümmert, während sie arbeitet) oder wegen fehlender Motivation.

In den Vereinigten Staaten waren im Dezember 2020 8,4 Prozent der schwarzen Frauen arbeitslos, im Vergleich zu 5,7 Prozent der weißen Frauen. Wenn eine Frau nicht arbeitet, ist sie mit großer Wahrscheinlichkeit von jemandem abhängig. Womöglich ist sie deshalb nicht in der Lage, sich aus einer Situation voller körperlicher und psychischer Gewalt zu befreien (Frauen of Color werden durchschnittlich öfter Opfer: mehr als 40 Prozent haben häusliche Gewalt erlebt). Wenn eine Frau arbeitslos ist, muss sie sich höher verschulden, um die eigenen Kinder zu versorgen und ihnen ein Studium zu ermöglichen. So wird es für sie immer schwieriger, aus einer objektiv wirtschaftlich nachteiligen Situation herauszukommen, die aus der jahrhundertelangen rassistischen Ungerechtigkeit entstanden ist.

Wir müssen also die Geschichte der Sklaverei kennen, um die Gegenwart zu verstehen und die Zukunft aktiv zu verbessern. Denn dieses Wissen hilft uns auch, ein weiteres aktuelles Phänomen zu verstehen: den Menschenhandel. Eine gegenwärtige Form von Sklavenhandel ist der Mädchenhandel. Dafür werden oft sehr junge Mädchen in einem äußerst profitablen Geschäftszweig ausgebeutet: in der Prostitution.

Auch hier finden sich rassistische Vorurteile: Ganz allgemein wird in der Prostitution die Frau vom Mann als minderwertig angesehen. Sie gilt als ein Objekt, das man kaufen kann, nicht als menschliches Wesen. Erneut, wie bei den Sklaven vor 300 Jahren, rechtfertigt die Überzeugung von Überlegenheit über andere Personen

Ausbeutung und Gewalt. Und in kaum einem Land der Welt wird darüber gesprochen.

Rassismus ist auch der Grund für die unverhältnismäßig hohe Sterberate bei schwarzen Frauen aufgrund von Krankheit und Geburt im Vergleich zu weißen Frauen. In den USA haben die *Black Americans* eine 13 Prozent höhere Wahrscheinlichkeit, an Krebs zu sterben, als *White Americans*, obwohl sie ebenso häufig erkranken. Wenn sie Kinder gebären, haben sie eine 2,5-mal höhere Wahrscheinlichkeit, an Komplikationen im Kreißsaal zu sterben, als ihre weißen Mitbürgerinnen. Dies hat unterschiedliche Gründe. Zum einen hängt der Zugang zu medizinischer Behandlung von den finanziellen Möglichkeiten ab, zum anderen klagen sehr viele Frauen of Color, darunter auch der Tennisstar Serena Williams, über eine geringere Aufmerksamkeit hinsichtlich ihrer Bedürfnisse. Aus ungeklärten Gründen werden die Hilferufe der Frauen of Color häufig ignoriert, bis es manchmal zu spät ist.

Der Tod einer Mutter ist aber nicht nur eine Zahl oder ein persönlicher Verlust der Hinterbliebenen. Der Tod einer Mutter reißt ein riesiges Loch in das zerbrechliche System einer Familie. Er hinterlässt Kinder ohne liebevollen Schutz und Betreuung, stürzt sie in wirtschaftliche, psychologische und soziale Schwierigkeiten. Er verlangsamt den sozioökonomischen Normalisierungsprozess für eine ganze Bevölkerungsgruppe, die seit Jahrhunderten nach Erlösung vom Leid sucht, und für die so eine gerechtere Zukunft immer wieder in weite Ferne rückt.

KLIMAWANDEL

VERSAUERUNG DER MEERE

ANSTIEG

CHEMISCHE VERUNREINIGUNGEN

STICKSTOFF- UND PHOSPHORKREISLAUF

SÜßWASSER-VERBRAUCH

LANDNUTZUNG

VERLUST DER ARTENVIELFALT

AEROSOLBELASTUNG IN DER ATMOSPHÄRE

VERRINGERUNG DER OZONSCHICHT

Wasser

Nahrung

Gesundheit

MANGEL AN

Bildung

Verdienst

Frieden und Gerechtigkeit

Meinungsfreiheit

Soziale Gleichheit

Gleichberechtigung

Wohnraum

Netzwerk

Energie

KAPITEL 12

DER PERFEKTE STURM

ZEHN MILLIARDEN MENSCHEN UND NUR EINE ERDE

Nach Jahrhunderten der Migration, die hauptsächlich mit Menschenhandel sowie wirtschaftlichen und politischen Motiven verbunden war, dreht sich die Uhr der globalen Wanderbewegungen nun wieder um Tausende Jahre zurück. Wir sind quasi wieder an dem Punkt angelangt, als unsere primitiven Vorfahren begannen, von einem Kontinent zum anderen zu wandern. Sie verließen die Landstriche, die aus klimatischen Gründen unbewohnbar wurden, um fruchtbareres Land zu suchen: So zogen sie von Afrika nach Eurasien, von Eurasien nach Amerika. Der Unterschied zu heute ist, dass damals die Veränderungen und Wanderungen im Laufe von Tausenden von Jahren vonstatten gingen, während wir momentan eine noch nie dagewesene Migrationsbewegung innerhalb nur einer Generation erleben, also innerhalb von 25 Jahren. Sie trifft mit dem zusammen,

was die Wissenschaftler und Ökonomen nicht zufällig als »den perfekten Sturm« bezeichnen, also eine maximale Katastrophe.
Dieser Sturm, diese Katastrophe, ist die Kombination aus dem zu erwartenden Bevölkerungsanstieg auf bis zu zehn Milliarden Menschen, während sich gleichzeitig die Ressourcen der Erde, die für das Überleben der Weltbevölkerung notwendig sind, immer drastischer und rasanter verringern. Genau dieses Szenario wird eintreten, wenn wir unseren Planeten mit der gleichen Intensität weiter so ausbeuten, wie wir es in den vergangenen Jahren getan haben.
Die globale wirtschaftliche Entwicklung hat natürlich viele positive Seiten gehabt und zahlreiche Länder innerhalb von wenigen paar Jahrzehnten aus der Armut geführt. Trotzdem hat die immer schnellere Produktion von Gütern und Dienstleistungen auch negative Folgen für das ökologische Gleichgewicht auf dem Globus: Momentan verbrauchen wir 1,5-mal so viele Ressourcen, wie die Erde in einem Jahr erneuern kann. Das bedeutet, dass wir auf Pump leben, weil wir unglaubliche Mengen an Trinkwasser, Bodenschätzen, Mineralien und organischen Materialien für unser Überleben verbrauchen ... aber vor allem auch, um immer schneller und mehr Konsumgüter zu produzieren. Wir leben auf Pump, geben aber nichts zurück. Besser gesagt: Wir lassen der Erde nicht die nötige Zeit, um die verbrauchten Ressourcen zu erneuen. Die Erde befindet sich in einem Zustand (aufgrund von Umweltverschmutzung und Klimawandel), in dem sie sich nicht mehr regenerieren kann.
Der perfekte Sturm ist also eine extrem gefährliche Situation für unser weltweites Zusammenleben, die Wirtschaft und die Umwelt. Diese könnte – wenn wir nicht entschlossen die Ausbeutung der Ressourcen beenden – um das Jahr 2050 eintreten, wenn die Weltbevölkerung fast zehn Milliarden Menschen umfasst und die

weltweiten Ressourcen endgültig aufgebraucht sind. Dann wird es nicht nur nicht genug für alle Menschen geben, sondern einige Regionen der Erde, die dem Klimawandel besonders heftig ausgeliefert sind, werden völlig unbewohnbar sein. Und das wird unweigerlich dazu führen, dass die Menschen von dort wieder weiterwandern müssen – und zwar in Massen –, auf der Suche nach Lebensmitteln, Trinkwasser und fruchtbarem Boden, um zu überleben.

Um die Dimensionen zu begreifen, beginnen wir mit einer Bestandsaufnahme der heutigen Lage: Es gibt momentan bereits 82 Millionen Migranten, die ihre Heimat verlassen haben. Heute fliehen sie hauptsächlich vor Kriegen, Hunger und politischer Verfolgung. Aber sie fliehen auch vor einer Bedrohung, die erst in den vergangenen Jahren aufgezogen ist und die exponentiell größer wird: dem Klimawandel. Die Vereinten Nationen und die Weltbank prognostizieren, dass es bis zum Jahr 2050 zwischen 25 Millionen und einer Milliarde Klimaflüchtlinge geben wird – also innerhalb der nächsten 29 Jahre.

Die Klimaflüchtlinge bewegen sich sowohl innerhalb ihres Landes (Binnenmigration) als auch außerhalb. Grund dafür sind die negativen Auswirkungen, die der globale Klimawandel auf die Bewohnbarkeit ihrer Heimat hat: Der Meeresspiegel steigt, die Böden erodieren, Starkregen und Überflutungen nehmen zu, gleichzeitig kommt es zu langen Dürren, die von Jahr zu Jahr die landwirtschaftliche Produktion zerstören. Noch verheerender wird der Trinkwassermangel sein, der durch diese Klimafolgen oder durch die Verschmutzung des Grundwassers entsteht.

Wieder einmal ist Afrika am stärksten betroffen. Die Wiege der Menschheit und ihre Bewohner werden den höchsten Preis zahlen.

EIN DONUT FÜR DAS ÜBERLEBEN

Kate Raworth, Wirtschaftswissenschaftlerin der Universität Oxford hat einen Krapfen (*donut* auf Englisch) erfunden, um das Zusammenspiel zwischen Wirtschaft, Wohlergehen der Bevölkerung und der Gesundheit der Erde zu erklären. *Die Donut-Ökonomie*, deren Theorie 2012 entstanden ist und zunächst unter dem Titel *Ein sicherer und gerechter Raum* für die Menschheit veröffentlicht wurde, basiert auf dem Prinzip, die Grundbedürfnisse der Weltbevölkerung nachhaltig zu befriedigen. Dabei sollen die Grenzen, die unser Planet vorgibt, eingehalten werden. Denn die Überschreitung dieser Grenzen würde dem Leben auf der Erde verheerend schaden.

Die nicht zu überschreitenden Grenzen werden auf der Glasur des Donuts dargestellt und sind: der Klimawandel, der Verlust der Artenvielfalt, der Wasserkreislauf (also der chemische Austausch von Elementen zwischen Erde, Meer und Atmosphäre), die Versauerung der Meere, die Landnutzung, die chemischen Verunreinigungen, die Aerosolbelastung in der Atmosphäre, die Verringerung der Ozonschicht und der Süßwasserverbrauch. Das Loch in der Mitte des Donuts stellt das Fundament der Gesellschaft dar, also Gesundheit, Bildung, Wohnraum, Nahrung, Wasser, Energie, soziale und geschlechtliche Gleichstellung sowie politische Vertretung.

Anhand dieses Modells soll versucht werden, »ein Loch in der Mitte« zu schaffen, d. h. alle Grundbedürfnisse der Menschen des 21. Jahrhundert so zu befriedigen, dass der Donut nicht noch größer wird. Denn dann würden wir die Grenzen der Erde überschreiten. Gegenwärtig haben wir bereits vier der Grenzen gesprengt (Verlust der Artenvielfalt, Wasserkreislauf, Klimawandel und Landnutzung) und hinken mit der Schaffung des Lochs hinterher, vor allem was den Zugang zu Gesundheitversorgung, die politische Vertretung und die soziale Gerechtigkeit angeht.

Eine nachhaltige Wirtschaft würde die Grenzen respektieren und die grundlegenden Bedürfnisse innerhalb des Raums, den der Donut vorgibt, befriedigen – und somit einen »sicheren und gerechten Raum für die Menschheit« schaffen.

KAPITEL 13

EIN UNERWARTETER FEIND

DIE RASSISTISCHE MACHT DES KLIMAWANDELS

Seit mehr als 20 Jahren, genau genommen seit dem Jahr 2000, merken Wissenschaftler und Menschenrechtsaktivisten, dass die Veränderungen auf der Erde, die durch die globale Erwärmung entstehen, ethnische Minderheiten vermehrt betreffen. Der Klimawandel verändert ihren Alltag und steigert Fremdenfeindlichkeit und Rassismus gegenüber denen, die ihre Heimat verlassen müssen, weil sie durch extreme Wetterereignisse unbewohnbar geworden ist. Seitdem sprechen wir nicht nur vom *Klimawandel*, sondern auch von *Klimagerechtigkeit*. »Der Klimawandel ist real und betrifft uns alle. Kein Land ist dagegen immun. Wie immer sind die Ärmsten und die Schwächsten, die ersten, die leiden und am stärksten davon getroffen werden.« Das sagte Antonio Guterres, der Generalsekretär der Vereinten Nationen, der uns alle dazu aufgefordert hat, den Klimawandel auch als ein soziales Problem zu betrachten und nicht nur als Umweltproblem.

Durch die globale Erwärmung schaffen wir eine Umwelt, die für den Menschen nicht nur lebensfeindlich, sondern vor allem instabil ist: In einer instabilen Umgebung jedoch wachsen Gefühle von Unsicherheit und Angst und damit auch die Gewalt. Da einige Regionen, wie Afrika, stärker von den Auswirkungen des Klimawandels getroffen werden und von dort die meisten Menschen flüchten, überschneiden sich diese Gefühle und Taten immer öfter mit der rassistischen Haltung gegenüber afrikanischen Menschen (aber auch gegenüber Menschen aus Asien und Südamerika). Das Paradox ist, dass Afrika kaum für die globale Erwärmung und den Klimawandel verantwortlich ist. Obwohl dort 17 Prozent der Weltbevölkerung leben und 25 Prozent aller Staaten dort liegen, stößt Afrika nur 5 Prozent der globalen Treibhausgase aus. Dennoch erlebt der Kontinent die Auswirkungen des Klimawandels am schlimmsten, in Form von Trockenheit und Überflutungen, sodass schon heute 250 Millionen Menschen Hunger leiden und 6,5 Millionen im Jahr 2020 ihren Heimatkontinent verlassen haben.

Aber wie beeinflusst der Klimawandel den Rassismus? Die wachsende Zahl von flüchtenden Menschen erhöht den Druck auf die Sozialsysteme, die Städte und die Länder, in denen die Flüchtenden ankommen und Hilfe suchen. Das wiederum steigert bei den Einheimischen die Angst vor dem Fremden, verbunden mit der Furcht, dass die lokalen Ressourcen nicht für alle reichen. Die Xenophobie verstärkt sich.

Durch den veränderten Druck in der Gesellschaft erwacht der Rassismus auch in weiten Teilen der Bevölkerung, die sich eigentlich nicht für rassistisch hält.
Die Wissenschaft nennt das die »kulturelle Pseudospeziation«. Dieser ziemlich komplizierte Ausdruck hat eine relativ einfache Bedeutung: Wenn in der Natur Ressourcen knapp werden, teilen Tiere sich untereinander in Gruppen auf, und zwar *nach Spezies*. Sie organisieren sich auf sozialer Ebene, um der eigenen Spezies einen besseren Zugang zu Nahrungsquellen zu gewährleisten und somit zu überleben.
Im Fall des Menschen spricht man nicht von unterschiedlichen Spezies, sondern von unterschiedlichen Kulturkreisen: Wenn ein fremder Mensch einer anderen Kultur angehört als wir, vor allem, wenn er physisch anders aussieht, neigen wir durch die kulturelle Pseudospeziation dazu, ihn zu diskriminieren und von der Verteilung der Ressourcen auszuschließen – vor allem in Momenten des Mangels und der Unsicherheit. Denn, so vermittelt es der irrationale Teil unseres Gehirns, er *gehört ja nicht* zu unserer Spezies. Dieser Mechanismus, die fremden Mitmenschen in eine andere Schublade als die eigene zu stecken (kombiniert mit den Folgen der Sklaverei, der White Supremacy und des systemischen Rassismus), ist der Grund für die Verschärfung des Rassismus in den vergangenen Jahren, als immer mehr Menschen flüchten mussten.
Sich also um die Lösung der Klimakrise zu kümmern, ist gleichbedeutend mit dem Kampf gegen den aktuell herrschenden, aber auch den zukünftigen Rassismus. Denn alles ist miteinander verbunden.

KLIMAWANDEL KURZ ERKLÄRT

Laut der Definition der Weltorganisation für Meteorologie (WMO) ist der Klimawandel die anhaltende Veränderung des durchschnittlichen Klimas und seiner Variabilität (ohne Extremereignisse) über einen langen Zeitraum, also 30 Jahre und mehr. Er kann sich in einer Erwärmung oder Erkaltung der Erde zeigen. Der Klimawandel, den wir auf der ganzen Welt erleben, ist ein Zusammenspiel von Phänomenen, die die Wissenschaftler auf die globale Erwärmung zurückführen, wovon ein Teil menschengemacht ist (anthropogen). Im Vergleich zu der Zeit vor der industriellen Revolution, die Mitte des 19. Jahrhunderts begann, wäre die Erderwärmung heute schon um ein Grad Celsius gestiegen und könnte bis 2100 um drei bis fünf Grad steigen, wenn wir nicht sofort handeln und den CO2-Ausstoß verringern.

Laut den Wissenschaftlern des Intergovernmental Panel on Climate Change (IPCC) bleiben uns nur noch neun Jahre, um den drastischen Verbrauch von fossilen Brennstoffen zu stoppen und eine Kettenreaktion aufzuhalten, die verheerende und unkontrollierbare Folgen haben würde. Wenn wir weiterhin in gewohntem Umfang fossile Brennstoffe nutzen, selbst wenn bereits politische Entscheidungen zur Reduktion der Emissionen gefällt wurden, könnte sich die Erde noch in diesem Jahrhundert um drei Grad erwärmen. Die Erhöhung der Erdtemperatur würde die Polkappen weiter abschmelzen. Die Umwelt würde sich dramatisch verändern: Der Meeresspiegel steigt, Dürren breiten sich weiter aus, Tausende von Tier- und Pflanzenarten gingen verloren.

KAPITEL 14

KLIMA-GERECHTIGKEIT

GLEICHE RECHTE FÜR ALLE, UM DEN PLANETEN ZU RETTEN

Klimawandel und soziale Gerechtigkeit sind so miteinander verbunden, dass um die Forderung nach Klimagerechtigkeit eine globale Bewegung entstanden ist, die immer mehr Anhänger findet. Sie vereint Klimaaktivisten – einschließlich Fridays for Future – mit denen, die gegen den Rassismus kämpfen, darunter auch Black Lives Matter.

In einem offenen Brief an das Europäische Parlament haben Luisa Neubauer und Greta Thunberg zusammen mit anderen Aktivistinnen die Medien aufgefordert, stärker über die Probleme Afrikas zu berichten, und die Regierungen ermahnt, noch schnellere und durchgreifendere Entscheidungen zu treffen, was die Reduzierung der fossilen Brennstoffe angeht. Denn wir können nicht länger warten:

> Und noch etwas ist deutlicher geworden als je zuvor: Klima- und Umweltgerechtigkeit können nicht erreicht werden, solange wir die sozialen und ethnischen Ungerechtigkeiten und die Unterdrückung, die die Grundlage unserer modernen Welt bilden, weiterhin ignorieren und wegschauen. Der Kampf für Gerechtigkeit und Gleichheit ist universell. [...] Wenn wir keine Gleichheit haben, haben wir nichts. Wir müssen uns nicht entscheiden und uns darüber streiten, welcher Krise oder welchem Thema wir Vorrang einräumen sollten, denn alles ist miteinander verbunden.

Dem Aufruf der Aktivistinnen hat sich eine der einflussreichsten Persönlichkeiten der Weltwirtschaft angeschlossen, die ehemalige Präsidentin der Weltbank Kristalina Georgiewa, die die Mächtigen auffordert, sofortige und entschlossene Entscheidungen zu treffen: »Die Zahl der Klimaflüchtlinge könnte mit einer internationalen Anstrengung, die darauf zielt, die Emissionen von Treibhausgasen zu reduzieren, und einem langfristigen Entwicklungsplan um Millionen von Menschen verringert werden.« Wenn die Regierungen aller Länder sich zusammentun und gemeinsam handeln würden, könnten sie die Zahl der Migranten um sogar 80 Prozent senken. Die Hauptanliegen, die laut der Weltbank auf die Tagesordnung der Regierungen gehören, sind die sofortige Einstellung der Nutzung von fossilen Brennstoffen (nicht die graduelle), denn »das Fenster für die Klimarettung schließt sich sehr schnell«. Wir haben nur noch wenig Zeit, um den Effekt der globalen Erwärmung zu lindern. Gleichzeitig muss die Klimafluchtbewegung als wichtige Variable in die Entwicklungspläne der Länder, Städte und der

Wachstumsregionen eingerechnet werden. Die öffentlichen und privaten Anstrengungen müssen koordiniert werden, um das friedliche Wachstum einer Gesellschaft zu gewährleisten. Der Flüchtlingsstrom der Menschen muss vorhergesehen werden. Zudem müssen Instrumente entwickelt werden, die die Gebiete gegenüber dem Bevölkerungswachstum und den Auswirkungen des Klimawandels resilient machen (damit sie also durchhalten und sich weiter entwickeln können).
Sobald keine fossilen Brennstoffe mehr verbraucht werden – einschließlich der sogenannten Biomasse, zu der auch das Verbrennen von organischen Materialien wie beispielsweise Holz gehört, bei dem ebenfalls CO2 in die Atmosphäre gelangt –, müssen wir die Hauptprobleme bewältigen, also den Mangel an Nahrung und Trinkwasser in den am stärksten betroffenen Gebieten. Aber wie rettet man eine Region, die vom Klimawandel betroffen ist? Wie kann man das Grundwasser schützen? Wie kann man auf weniger Ackerflächen die gleiche Menge an Nahrungsmitteln anbauen? Auf all diese Fragen müssen Wissenschaftler, Ingenieure und Regierungen schnell machbare Lösungen finden und finanzielle Mittel bereitstellen. Sie müssen auf die Menschen in Not hören, die aber häufig ihre eigene Geschichte gar nicht erzählen können.

Klimagerechtigkeit ist eine globale Herausforderung und betrifft Millionen von Menschen auch außerhalb des afrikanischen Kontinents. In Südostasien beispielsweise verschlingt der ansteigende Meeresspiegel Meter um Meter der Landfläche, im Fall der Südseeinsel-Staaten müssen bereits heute Tausende von Personen ihre Heimat verlassen, um Zuflucht in Gegenden zu finden, die der globalen Erwärmung weniger ausgesetzt sind.

Der Wechsel der Meeresströmungen, die Überfischung und der Verlust der marinen Artenvielfalt machen einige Regionen bereits unfruchtbar, sodass die lokale Wirtschaft, einschließlich der Selbstversorgung, dort nicht mehr aufrechterhalten werden kann.
In den entwickelten Ländern hingegen, in denen die ethnischen Minderheiten in wirtschaftlichen und sozialen Schwierigkeiten stecken, spiegelt sich die Ungerechtigkeit darin, dass dieser Teil der Bevölkerung die Folgen des Klimawandels weniger kompensieren kann. So haben sie beispielsweise keine Versicherungen, die Schäden aus extremen Wettersituationen wie einem Taifun oder einer Überschwemmung begleichen. Sie können sich keine Krankenversicherung leisten, die für die Behandlung von Gesundheitsprobleme aufkommt, die sich aus Umweltverschmutzung ergeben (oft sind die Lebensräume dieser Menschen auch die am stärksten verschmutzten).
Zu den ersten Erklärungen, die die Regierung der USA unter Joe Biden abgegeben hat, gehörte auch die von Gina McCarthy, der Beraterin des Präsidenten in Klimafragen: »Der Klimawandel ist auch ein Thema der ethnischen Gerechtigkeit. Er verschärft die Probleme der Communitys, die lange vernachlässigt wurden. Klimagerechtigkeit bedeutet gleiche Rechte für alle, auch in Bezug auf Klimawandel und Umweltverschmutzung.«
Das Verbinden der beiden größten Probleme des Planeten könnte eigentlich eine gute Nachricht sein, denn so können die jungen Aktivisten und Aktivistinnen *gemeinsam* für ihre zwei Hauptanliegen kämpfen und die Öffentlichkeit und die Regierungen der Welt weiter aufrütteln.

Damit die Erde endlich ein sicherer und gerechter Ort für alle wird.

GLOSSAR

Black Lives Matter: Die offizielle globale Bewegung wurde 2014 mit dem Ziel gegründet, die systemische Gewalt gegenüber den People of Color sichtbar zu machen und eine grundlegende Veränderung anzustoßen.

Ku-Klux-Klan: Anonyme und illegale Vereinigung maskierter weißer Männer, die ursprünglich (1865) die aus der Sklaverei entlassene afroamerikanische Bevölkerung attackierte und die heute mit Propaganda, Demonstrationen und Gewaltakten gegen People of Color vorgeht.

Kulturelle Pseudospeziation: Ein psychologischer und verhaltensbiologischer Mechanismus, der im Fall von mangelnden Ressourcen oder Territorien die Aggressivität einer sozialen Gruppe auslöst. Wenn die Ressourcen knapp werden, tun sich Tiere untereinander nach Spezies zusammen. Sie organisieren sich auf sozialer Ebene, um der eigenen Spezies einen besseren Zugang zu Nahrungsquellen und Trinkwasser zu sichern, um zu überleben. Im Fall des Menschen spricht man nicht von der Zugehörigkeit zu einer anderen Spezies, sondern von einem anderen Kulturkreis: Wenn ein fremder Mensch kulturell anders ist als wir, vor allem, wenn er anders aussieht, neigen wir aufgrund der Pseudospeziation dazu, ihn zu diskriminieren und von der Verteilung der knappen Ressourcen auszuschließen.

Migration: Wanderbewegung von Menschen von einer geografischen Region in eine andere, die seit Anbeginn der Menschheit aus unterschiedlichen Gründen erfolgte: aus wirtschaftlichen, sozialen und politischen. Die Migration der kommenden Jahre wird immer mehr mit klimatischen Gründen verbunden sein.

Rassismus: Eine Form der Diskriminierung aufgrund von physischen Merkmalen einer Person. Vor allem die Hautfarbe und andere Gesichtszüge führen zu Diskriminierung.

Sklaverei: Zustand, in dem ein Mensch jeglicher Rechte beraubt und als Eigentum eines anderen Menschen angesehen wird. Dieser nutzt seine Arbeitskraft oder andere Dienstleistungen von ihm aus. Die Bedingungen dieses Verhältnisses wurden nur einseitig beschlossen.

Systemischer Rassismus: Diskriminierung beginnt mit dem Rassismus, hat aber weitere negative Folgen auf das gesamte Leben eines Betroffenen und auf seine Interaktion mit den Institutionen der Gesellschaft, also mit Polizeikräften, Schulen, Banken und Arbeitgebern.

White Privilege: Weiße Privilegien. Vorteile weißer Menschen gegenüber People of Color. Weiße brauchen sich im Leben nur um die praktischen Dinge zu kümmern und nicht um die eigene Hautfarbe (eben weil sie weiß ist).

White Supremacy: Weiße Vorherrschaft. Diese Ideologie basiert auf Gewalt und der Überzeugung, dass weiße Menschen anderen ethnischen Gruppen überlegen sind, vor allem den People of Color.

Xenophobie: Fremdenfeindlichkeit. Angst von dem anderen, vor dem Fremden und sei es nur wegen seiner geografischen Herkunft, weil diese außerhalb der bekannten Grenzen liegt.

NÜTZLICHE WEBSITES

- Die Vereinten Nationen informieren über den Zustand der Menschenrechte weltweit: www.ohchr.org
- Infos zu Kampagnen gegen rassistische Gewalt: www.blacklivesmatter.com
- Die Geschichte der europäischen Migranten in den Vereinigten Staaten findet ihr auf: www.statueofliberty.org
- Weitere Informationen über den Zustand des Klimawandels gibt es unter: www.ipcc.ch
- Wenn ihr die Kampagne gegen den Klimawandel unterstützen wollt: www.fridaysforfuture.org
- Wenn ihr eure unbewussten Vorurteile prüfen wollt, könnt ihr den Harvard-Test machen: https://implicit.harvard.edu/implicit/

DANK

Dieses Buch wäre ohne die Hilfe von Balthazar Pagani, Leonardo und Agata Pillot nicht zustande gekommen.

Dank an Massimo Pillot, Salvatore Giannella und Manuela Cuoghi, Mahasti Mohammadi und Lucia Esther Maruzzelli.

Besonderer Dank geht an das Cambridge Institute for Sustainability Leadership.

»ES IST LEICHTER, EINE LÜGE ZU GLAUBEN, DIE MAN TAUSENDMAL GEHÖRT HAT, ALS DIE WAHRHEIT, DIE MAN NUR EINMAL HÖRT.«

ABRAHAM LINCOLN